韓国男性に恋してはいけない36の理由

金智羽
Kim Jiu

SEIKO SHOBO

もくじ

装幀⬇フロッグキングスタジオ
本文イラスト⬇中村清史

はじめに

日本人女性からのある質問

二〇〇四年八月十五日、私は一冊の本を世に送り出した。

その著書には私のeメールアドレスなんてものが記載してあったわけだが、ありがたいことにそのアドレス宛てにメールをくださった方々がいた。

「ファンレター」と題して好意的な意見をくれた人もいたし、今度はこういったものを書いてはくれないだろうかといった提案をくれた人もいた。

それとは逆に、批判的な意見を長々と書いて送ってくる人もいた。あるいは、著書の中で書いたような〝そのまま〟の怒りの言葉をぶつけてきた人もいた。

みんながみんな「好意的だった」などと嘘をつくつもりはない。実際、好意的なメッセージと同じくらい、私の著書を、そして私自身を非難した人々もいたわけである。

もちろん、私はそのすべてを素直に受け入れ、消化したつもりだった。これからだって自分が書き記したものに対しては、私は責任を持って消化する義務があると思っている。

「ファンレター」と呼べるかどうかは別として、ある日私は少し気になるメールを受信した。そういった類のメールを受け取ったのは初めてのことであった。

日本女性からのメールで、あまり詳しく書くわけにはいかないのだが、現在韓国男性と交際していると書かれていた。

前作で私が伝えた韓国人（アジア人）の姿は本当なのか、という疑問からはじまり、日本人と韓国人は、非常にかけ離れた〝違う人種〟であるのは事実なのか、という疑問もあった。そして、最終的には「韓国人と日本人カップルはうまくいくのか？」という質問とともに、私流の「その答えが聞きたいので返事をください」と書かれていた。

韓国人と付き合うにしろ、結婚するにしろ、その組み合わせはうまくいくのか、いかないのか……。一見するととても簡単な質問のようだったが、少し考えてみたら、これがとてつもなく難しい質問であることがわかった。正直言って、すぐに「Ｙｅｓ／Ｎｏ」の答えが出せるような質問ではなかったのだ。

うまくいきます――、うまくいきません――。

その二つに一つの単純な答えでよかったらすぐにでも返事を書くことができただろう。しかし、かなりの分量で、しかも丁寧に書かれたそのメールの返事を適当に書いてしまうのは気が引けた。返事を少し待たせたとしても、私なりにいろいろ考え、それから答えを導き出そうと思った。

結局、あれこれ考えているうちに時はどんどん流れていき、返事を書くタイミングをすっかり逃してしまった。彼女には本当に申し訳ないことをしたと反省している。


日本の女性と韓国男性の組み合わせ……今までじっくり考えたことがなかったが、一通のメールをきっかけに、「はたしてどうなのだろう？」と真剣に考えるようになった。

簡単と思われた質問が、実は簡単ではないとわかったので、こうなったらこれを機にとことん深く考えてみようと思った。考えた。そこで、私はこの場を借りて、自分なりに考え抜いて出した見解を述べてみようと決意した。

日本の女性が韓国男性と付き合うと何があるのか、日本の女性が韓国男性と結婚するとどんなことが起こるのか……韓国人である自分さえも鏡に映し出し、さまざまな角度から観察してみた。

ちょうど時を同じくして日本では韓流ブームなるものが起こっている真っ最中でもあった。私のところに届いた一通のメールと日本における韓流ブーム。この二つを合体させるわけにはいかないのだが、それでも何らかの共通点を見出せたような気もした。

そして、私流に結論らしきものを導き出した。その結論を「36の理由」としてまとめてみた。

あくまでも私が考えた末に出てきた結論に過ぎない。人それぞれ違うと言われてしまえばそれまでである。私には返す言葉がない。

それでも、私の見解が何らかの形で役に立つ日が来るような気もする。ずうずうしいかもしれないが、本当にそのように思える。

人によっては不快に思う発言や、私が思うに危険な発言もなかにはあるかもしれない。いや、きっとあるだろう。だが、私は本当のことを素直に言ってみようと思った。適当に綺麗事を並べ立てるのではなく、何ものも恐れず、正直に本当のことを言うべきだと思ったのだ。

世間一般で言われているような綺麗事はまったく思い浮かばなかったし、もし思い浮かんだとしてもそういった綺麗事ばかりを書きたくなかった。

私が正直に言うことにより、日本の女性、韓国男性の両者、そして第三者たちに、よりベストな道は何であるかを少しは伝えることができると思う。

日本ででも、もちろん韓国ででも、世間一般に韓国男性は随分持ち上げられている。

「韓国男性は日本人よりも男らしい」
「韓国男性は軍隊に行くのでたくましい」
「韓国男性は女性を引っ張る力がある」

「韓国男性は日本男性よりもいい男だ」ｅｔｃ、ｅｔｃ……

韓国通を気取っている人々が綺麗事を並べ立て、それが金になるのかわからないが、韓国男性を持ち上げているのを見聞きするのはもう飽きた。

日本通を宣言している人々が、これまたどんな目的があるのかわからないが、懸命に韓国男性の良さ（？）をアピールしまくっているのを見聞きするのももう飽きた。

私はただ、ただ単に物事の「本質」を知りたいと思った。そして知ろうとした。見極めようと考えた。

その結論がここに凝縮されている。

そう、日本女性が韓国男性に恋してはいけない36の理由……

日本の女性たちはピエロなのか？

テレビで新聞で雑誌で、インターネット上で……「韓流」の言葉を聞いたり見たりしない日はすでにないと言えるだろう。あとは、日に何度目にするかの闘いを残すのみである。これは日本においても、また韓国においても同じ現象である。

もっとも、「韓流」の意味するところ、その捉え方は日本と韓国とでは大きな差が生じていることは確かである。

韓流ブームと言われる現象が巻き起こってからすでにしばらくの時間が経過したが、その勢力はいまだに衰えを見せていないように思える。むしろ、まだまだ「現役」といったところだろうか。お世辞にも「生涯現役」とまではいかなさそうな雰囲気ではあるが……。

「流行」とは時として恐いものである。流行よ、いついつまでも続け、と願っている人々の思いは通じるのだろうか……。

韓国発の一本の〝純愛〟ドラマから火がついた韓流ブームだが、そのブームを支えている日本の女性たち、あなた方のその幅広い豊かな感受性に、私はまず拍手を送りたい。もしくは、韓国人俳優たちに握手を求める日本の女性たちのように、逆に私がそのような日本の女性たちに握手を求めたくもなる。

つまり、そのような不可思議な行動を取ってしまいたくもなるほど、韓流ブームを引っ張っている日本の女性たちの力は大きいものであると素直に認めざるを得ない。

韓国のドラマは日本の二十数年前のドラマのようだと指摘していた何かの記事を目にしたことがあるが、〝二十数年前風〟のドラマであったとしても、日本の女性たちの心をがっちり掴んだことには違いないのだろう。その純愛に若かりし日の我が身を重ねてドラマに見入った女性も数知れず、であろうか。

現代社会では「古臭い」と思われがちな韓国ドラマであったとしても、それが日本の女性たちの感情を揺さぶり、感性にマッチしたのであれば、それはそれで互いにとってとてもよかったと言えることだろう。

あまりに一気に勢いづいた韓流ブームに、意地悪心から思わず何か大きな（影の）力を感じてしまわないことはないのだが、それでも、現実として韓流ブームが続いている今、それらはあくまでも「自然現象」として見なくてはならないのかもしれない。私が密かに「何か外からの力（煽り）を感じてしまう」と思ったとしても、確証があるわけでもないので、現状を素直に「自然現象」として受け入れるよりほかない。だから、今日の韓流ブームを自然現象として捉えたうえで話を進めてみたいと思う。

日本人が韓国ドラマに興味を持ち、そのドラマに出演する俳優たちに関心を抱き、そして、あるテーマを除けば今まで若干地味めであった韓国人、韓国という国にも明るい光が当たる……これは非常にいい流れであるはずである。

日本人がそのことに関心があるのかないのかの話は抜きにしたとしても、日本と韓国という二国は今もなお何げに〝ややこしい〟問題をいくつか抱えている。そんな中で一本のドラマからはじまった韓流ブームは、互いが文化交流等をしていくうえでベストなスタートだったと思える。

互いの国の文化を共有し、共感し合い、それがきっかけとなり日韓のいろいろな交流が始まるのは喜ばしいことであるはずである。

「互いの国」と表現したが、韓国では日本で韓流ブームが巻き起こるはるか以前からすでに〝水面下〟で「日流ブーム」が当たり前となっていた。韓国にとってみると、今まででさんざん恋焦がれて片思いしていた日本にようやくその気持ちを受け入れてもらえた、といったところだろうか。

韓流ブームにおいても、日本人はやはりまたその独特の〝日本人的感性〟を知らしめてくれたような気がする。

韓国ドラマに夢中になり、俳優にはまり熱狂する……ファンとして最上級の愛情を注ぐのが日本人であると思われる。写真集や書籍、CDやDVDを購入し、お気に入りの韓国人俳優が来日するとなると空港で出迎え、大歓迎する。そこには、反日国家・韓国に対する嫌悪感もなければ、歴史認識問題も存在しない、民族間の違いさえも意識しないで受け入れることができる幅広い感性を感じずにはいられない。

それに加え、日本人が生活面（経済面）においても、メンタル面においても余裕があることの表れであるような気がしてならない。余裕があり、豊かであるからこそ、余計なことは考えずに〝お気に入り〟に夢中になれるのである。そういった日本人的感性は、素直に羨ましいと思える。

韓国社会では日本で起こっているような（韓流への）熱狂はまず考えられない。十代の少女がアイドル歌手のおっかけをやっているのではないのである。韓流ブームを支えている女性たちは、その多くが中高年世代であると私は認識している（もちろん、若い世代に〝熱狂組〟がいないと言い切るつもりはない）。

韓国の中高年女性たちが国内外の俳優に大熱狂するなんてことはまずあり得ない。だからこそ韓国人からすると、日本の韓流ブームはまったく想像外の現象であり、理解するのが非常に困難な〝呆れてしまう〟ブームに映るのである。

日本の女性たちが韓流ブームにおいてもその国民性を思う存分表現してくれたのと同じように、韓国人もまたその独特な国民性で韓流ブームを捉えた。

現在韓流ブームにはまっている最中の日本の女性たちにこのようなことを言うのは大変気が引けるのだが、ここは正直に事実を述べることにする。

韓国人は、日本の韓流ブームに対して、日本に、日本人に勝ち誇ったかのような優越感溢れる目を向けているのである。日本に「してやったり！」と言わんばかりの痛快な気持ちが表情によく表れている。その目や表情の中には、なぜそこまで熱狂してしまうのか理解できないという疑問や、あまりにも騒ぎすぎてしまっている日本の女性たちを半ば馬鹿にしたような思いがあることは確かである。

日本人的感性で捉えることができるのならば、日本の韓流ブームをそれはもうありがたく喜ばしい気持ちで受け入れてくれてもいいはずなのだが、しかしそこは韓国人、〝そのまま〟受け入れるなんてことは絶対にできない。本文でも触れるように（一三八頁「生まれ持ってのネガティヴ体質」参照）、韓国人は、本能的に否定的な捉え方をしてしまう傾向が強いのである。

日本での韓流ブームに、韓国人たちは笑っている。それは〝キラースマイル〟的な魅力ある笑いではない。日本の女性たちを、日本人全体さえも小馬鹿にし、嘲《あざけ》っているのである。

韓国人俳優ならまだしも（それもまた問題だが……）、日本人を小馬鹿にし、笑っているのは一般の人々である。一般人たちが先頭に立ち、「韓流ブーム→韓国人→すべての韓国人が日本人よりも上であるからちやほやされる」のであると勝手に認定し、自国民にさえも好かれたことのないような韓国人でも日本人を下だと判断し、鼻を高くした挙げ句、すべての日本人を無視しがちになってしまうのである。

「日本の男よりも韓国人がいいから日本の女たちが騒ぐ」
「日本の男が駄目だから日本の女たちが韓国人に群がる」

これが多くの韓国人が決定づけた〝韓国人的感性〟なのである。ポイントは、まるですべての〝日本の女性たち〟が韓流ブームにはまっているかのように信じ込んでいる点である。これもまた韓国人的むちゃくちゃかつ強引な感性……。

日本の女性たちが韓国人俳優を空港で大歓声で迎えているシーン、生で見る韓国人俳優に涙を流す日本の女性の姿、携帯のカメラで韓国人俳優を写そうと〝押しくら饅頭〟をしている日本の女性たち、韓国人俳優と握手をした日本の女性が身も震わさんばかりにはしゃいでいる姿……そういった場面や姿を次から次へと流し続けるマスコミ。

日本の韓流ブームが韓国にとってどれだけ大きな出来事であったのか。それを証明するかのように、韓国ではすでに、日本進出した韓国人俳優が「主役《メイン》」とはなっていないのである。もはや「主役《メイン》」は、日本の韓流ブーム、韓国人俳優に〝群がっている〟日本の女性たちなのである。

実際、マスコミで主に目にするのは、韓国人俳優のその勇姿よりも、日本の女性たちの姿である……。

テレビでは司会者をはじめリポーターなどの出演者、会場の観客たちが、日本で起こっている現象に満面の笑みを浮かべている。韓国が、韓国人が、日本人に「完全勝利」したような快感すら感じさせる笑顔をしているのである。

スポーツ新聞などでも連日のように日本の韓流ブームを報じている。韓国人俳優の写真展に多数の日本人ファンが押し寄せただの、韓国関連の書籍が何万部売れただの……現地の日本以上に華々しい韓流ブームを韓国の人々に細かく教えてくれるのである。そして、当たり前のように「日本人を虜《とりこ》にした韓国人俳優たち」「日本の女性たちは韓国人に夢中」「主婦も家事を忘れて韓国人俳優を追いかける」「韓流ブーム、日本列島征服」「日本全土沈没」などの文字が躍る。実に華々しい。

暇を持て余していた韓国人にとって、〝韓流ブームにはまっている日本の女性たち〟はいいピエロとなってしまったのである。

私に韓流ブームを否定する権利はない。しかし、その華やかな話題の裏側に隠されている「真実」を伝えることはしてもいいような気がする。

日本人が韓国人をよく見てくれることは本当に嬉しい。韓国に多大な経済効果があったという現実的な面だけでなく、韓国や韓国人を多くの人に知ってもらえる好機であるかもしれないと思えるからである。

韓流ブームは、日韓にとって大きな大きなターニングポイントであったと思われる。二〇〇五年は日韓国交正常化四十周年である。「日韓友情年２００５」なんてふうにも言うらしい。文化交流がきっかけとなり、友好なり親善なり……両国が存分に交わっていけるのならばそれほどいいことはないだろう。

だが、その前に最も重要なことは、「相互理解」すなわち互いの国民性をしっかり理解するのが先である。

ただ真実のみを伝えるために

日本人は基本的に「いい捉え方」をする。一方、韓国人は基本的に「悪い捉え方」をする。そういった韓国人的感性が邪魔をして、感謝をしてもいいくらいの現象に対しても、韓国人は否定的に捉えてしまう。これは非常に残念な感性であると言える。韓流ブームは日本にとってというよりも、韓国にとってより重要な出発点であるはずである。だからこそ、韓国人は韓流ブームをチャンスと捉え、道筋を間違えることなく進んでゆくべきだと思う。

この著書は、日本の女性たちのために韓国人の「真の姿」を伝えたように映るかもしれない。しかし、それだけのために本当のことを書き進めたわけではない。

韓国人にとっても自分たちの「真の姿」を今こそしっかり見るべきだと感じたのである。韓国人には何とも耳の痛い「真実」を連発することになるが、それでも、自分たちの真の姿を改めて受け止めるべきなのだ。その〝真実の連発〟の中に、これからの韓国人が考えるべき「答え」が詰まっているはずだからである。それを見つけられるか、それとも見つけられずに終わるかは、各個人の脳みその問題である。

私は、書籍などで日本人が韓国・韓国人を批判した後のオチに「韓国に愛情があるのであえて辛いことを言いました」だとか言いつつフォローを入れたり、韓国人が韓国を非難しつつ、それでも結局本当のことをわからずに「やっぱり韓国人は素晴らしい」的なことを言って話を締めくくったりするのを見聞きするたびに、「またお約束のパターンか」といった気持ちを湧き起こさずにはいられなかった。両者の言い分には十分納得できるが、だが何とも中途半端な感じがしてならなかったのである。

だからこそ、私はあえて「祖国を愛しているので辛いことを書きました」だとか「私が書いたことと逆のことを実践すれば韓国人も日本人に好かれるはずです」だとかいった思いやりのある優しい言葉をかけることは一切やめようと思う。いちいち私の口から何か言わなくてはならないというのも照れくさいものであるのだ。

ただ「真実のみを伝える」——

その思いがこのような形での韓国男性論となって出来上がったのである。

韓流ブームで韓国や韓国人をいい方に捉えてくれる日本人には申し訳ないのだが、綺麗事ばかりではいつまで経っても互いの国民性なんてものを理解することはできないだろう。これから友好だとか親善だとかを深めていこうと考えている人がいるのならなおのこと、「現実」と「真実」を知らなくてはならないように思える。

「真実」というものは、綺麗事とは逆にピリっと辛いものである。青汁は体にいいが苦い。それと同じであるのだ。真実を知ることは互いに苦い思いを抱えてしまうこととなってしまうだろう。だが、その苦みを吸収し、理解することができるのならば、その先に新しい道が舗装されていくような気がする。

綺麗事で塗り固められたアスファルトの上にゴロゴロと転がっている誤解や偏見、互いの国民性の相違から生じるさまざまな問題など……それらを取り除かないことにはその先はない。

苦い青汁を飲み干してこそ、互いが互いを理解していけるのではないだろうか。

苦くとも、辛くとも……「真実」だけがすべてを物語ってくれるはずである。

二〇〇五年冬

マフラーを巻き、眼鏡をかけ、雪だるまを作った金智羽《キムジウ》

韓国男性に恋してはいけない❶～㊱の理由

理由❶

見栄っ張りライダー「変身！」

韓国男性は、いつだって、どこでだって、誰と会ったって常に「大物」だ。初対面で、ましてや相手が女性ともなると、これはもう大物を通り越して、「超大物」にだって素早く変身することができるのである。

韓国男性は仮面ライダーか。残念ながら偽者の、だが。

イケメン俳優よろしく本物の仮面ライダーのように格好よく、「変身！」というわけにはいかないらしい。

●●●

韓国男性は、見栄を張ることは恥ずかしいことだと少しも感じない。むしろ相手に、より立派で、格好よくて、強くて、能力があって、素晴らしい……と書き切れないが、ようするに「すごい」自分を咄嗟に生み出し――あるいはいつもそうなので自然と――これでもか、これでもかと言葉や態度でその「すごさ」を表現するのが当たり前のことなっている。もちろん、嘘八百に限りなく近い。または本当に嘘か、のどちらかである。

居酒屋に行って、「とりあえず生ビール」と注文してしまう感覚のように、「とりあえず相手に見栄を張る」のである。見栄を張った者勝ち、でもあるかのように。それが見栄というよりも大嘘だって、一向に構わないのが韓国男性なのである。

本当は、本人が思っているよりも〝すごくない〟人間ほど、より強大な見栄を張る。それがいかにも「嘘くせ〜!」見栄だろうが、本人は真顔で熱心に自分のすごさを表現する。

自分のウィークポイントとして捉えられてしまいそうな部分を何としてでも隠し通すためには、それ以上にインパクトのある見栄を張ってしまえばいいとでも思っているようだ。

女性の前で、韓国男性の「すごい自分」の話が続いたら要注意である。その男性の話している多くの「すごいこと」は、ただの見栄、つまりは嘘の可能性を十分に秘めているからである。それくらい、韓国男性は日常的に見栄を張りまくっているのだ。

お気に入りの女性と付き合いたいがために、結婚したい女性へのプロポーズをOKしてもらいたいがために、合コンで友人よりもモテたいがために……大きな、大きな見栄を張る。いや、小さな、小さな見栄だって張りまくる、のである。

出身地を変えようが、学歴や専攻を変えようが、職種を変えようが、収入や肩書きを変えようが、喧嘩の戦歴を全勝ＫＯ勝ちにしてしまおうが……その多くが見栄で覆い隠されている。

これが韓国男性の見栄なのだ。

見栄好き人種。

見栄を張らなければ成り立たない人種。

変身しまくりの韓国男性たち。

「バレなきゃいい」「もしバレてもその時になれば、なんとかなるだろう」

これが韓国男性の見栄を張った「その後」の一般的な考えである。


危ない！

韓国男性が調子よく自分の「すごい話」を並べはじめたら、その多くのことが見栄なのか、それとも真実なのか、冷静に判断しなくてはならない。

理由❷

とことんエゴイスト

そのエゴイストぶりは、時として許されない行為を招くこともある。韓国人の自己主義具合は、「恥を知れ！」と思わず怒鳴りたくなってしまうほどのものである。

自分さえよければ何もかもかまわないという言動が、韓国人の根底にしっかりと張り巡らされている。そして、多くの人々がエゴイストである以上、その言動を誰かが指摘し、見直すことすらできるわけもない。

●●●

韓国人の発想は、基本的に自分を中心として考えた結果生まれてくるものである。人の意見を素直に聞き入れることが苦手なのが韓国人であり、悪びれることもなく自分の意見を主張し続けたがるのである。

　そういった韓国男性を相手にしなくてはならなくなった日本の女性は、ろくに自分の意見を聞き入れてもらえず、時としてストレスが溜まってしまうかもしれない。

　日本の男性とのように、互いの意見を出し合ったり、話し合ったりして物事を解決していこうなんてことを韓国男性に望むのは少々難しいのである。実際、苦戦を強いられるはずである。

　韓国男性が相手の意見をほとんど聞かず、自分の意見のみを主張するのであれば、恋人であれ、夫婦であれ、その片割れである日本の女性は、自分の意見を心に秘め、いつか訪れるかもしれない〝発言〟のチャンスをじっくり待つしかないだろう。

　韓国男性が、小さなことでも大きなことでも、けっこうな自己主義者である以上、日本の女性が自分の意見を強く言い切ることは日本の女性の性格からいっても難しいと思われる。

　自己主義者の韓国男性相手の場合、日本の女性は、「保護者」のような存在となってしまうかもしれない。韓国男性は、自己の意見を通したい子供になってしまうことがあるからである。

　日常生活の中で何か決めるといったような小さなことに関してもエゴイストぶりを発揮するのは当然のこと、もっと大きなことに関してでも、韓国人は自己の意見や行動に最も忠誠を誓うのである。たとえ、それがどんなにむちゃくちゃな行動であったとしても、である。

少し前、世間を騒がせた韓国の「ゴミギョーザ」。ギョーザの中身に生ゴミを使用していたという〝アレ〟である。

それもまさに「エゴイスト」ならではの行動であった。自分さえよければ、消費者である他人はどうでもいいということなのである。

他人にゴミ入りギョーザを食べさせたとしても、自分がそのギョーザを売って利益を上げられるのだったら何とも思わないのである。恐ろしきエゴイスト。

韓国においてこのような例は、あくまでも氷山の一角に過ぎないと私は思っている。〝まだ〟公の場でバレていないだけのことであって、この手の〝内輪ネタ〟はごろごろ転がっているはずである。なぜなら答えは簡単。韓国人はエゴイストだらけだからである。自分にさえ利益があるのなら、他人のことなんて「どうでもいい」のだ。

数年前から始まった日本文化開放に関することでも、やはり韓国人のエゴイストぶりがよくわかる。

日本には、自分たちの文化を次々と必死に売り込んでいるのに対し、日本からの文化は段階的に開放するという、ずるいとも言える方法を取ってきた。

お金になりそうな自分たちの文化はどんどん日本に売りつけ、そして日本から「買う」

ことに関しては出来る限りセーブし、日本文化は極力韓国国内に入れまいとガードしてきた。これまたエゴイスト・韓国人。

小さく見てもエゴイスト。大きく見てもエゴイスト。残念ながら、これが韓国人なのである。

相手のことは考えず、自分の気持ちや意見、利益ばかりをメインに考えてしまいがちなのである。人の意見は聞かず、時には自分の意見を激しく主張し、自分だけ満足できればすべてが丸く収まると思い込んでいる。そしてそれを実践している。

そんな韓国男性に我慢しなくてはならなくなった日本の女性は、ますます自己主張しにくくなることだろう。

年上で頼もしいとばかり思っていた韓国男性でさえ、その自己主義具合がわかると、今まで気づかなかったそのエゴイストぶりに相当のショックを受けてしまうかもしれない。まったく頼もしくない、ただ単に自己主張ばかりをする韓国男性の姿を目の当たりにすることとなってしまうだろう。

常に自分を第一優先に考えた言動を貫き通してしまう韓国人には、日本人からすると場合によっては嫌悪感さえ感じてしまうかもしれない。

⬅危ない！

韓国人のたび重なるそのエゴイストぶりには心底うんざりすることだろう。百年の恋も時間の経過とともに「千年の憎しみ」へと変わってしまうかもしれないということを把握しておかなくてはならない。

理由❸

ペッ！（注＝ヨン様ではありません）

唾液腺から分泌される無色で粘り気のある液の混合物。などと難しく言ってはみたが、ようするに単なる唾液、すなわち唾《つば》のことである。

この唾なのだが、おそらく韓国男性は世界で一番〝唾保有量〟の多い人種であると私は思っている。もちろん、きちんとした調査結果報告書が私の手元にあるわけではない。あくまでも私の「予想」である。しかし、まったくの「はずれ」でもなさそうである（注＝唾は保有するものではない！　などというまともなツッコミは、できればご遠慮ください）。

現金保有量が世界一ならそれはかなりの自慢である。しかし、唾の保有量が世界一でも何の自慢にもならない。

●●●

どういうわけか、韓国男性はその〝いらないもの〟を所かまわず吐き捨てる癖がある。癖というよりも、起床後にトイレに行く、といった日常のごく普通の行為のように実行していると言えるだろう。

「韓国全国、道を歩けば唾にあたる」

このことをよく覚えておいてほしい。韓国の道端には、唾や痰があちこちにてんこ盛りである。その見る者を一瞬にして不快な気分にさせてしまう〝ブッ〟がてんこ盛りというだけではない。今まさに唾を吐き出そうとする人、唾を吐いている最中の人、唾を吐き終えて満足しきっている人……そういった人々も数多く道端にてんこ盛りとなっている。

韓国男性は、自宅以外の場所では、所かまわず唾や痰を吐き散らかさないと呼吸さえできない人間たちなのである。ちなみに、韓国男性だけでなく、韓国女性のなかにも、同じような行動を取る人もいるということをさりげなく付け加えてしまおう。

人が見ていようがいまいが、とりあえず、唾や痰を吐いて、吐いて、吐きまくって、自分の喉や口の中だけ「すっきり」。韓国男性にとっては、これはいたって普通のことである。決して汚いことでもなければ、人に迷惑をかけることでもない、自然の行為なのだと信じきって疑わないのである。

その行動に、はたして日本の女性は耐えることができるだろうか。

四六時中、唾や痰を吐き散らかす男性と行動を共にするのはきついものがある。しかし、間違っても「やめて」とは言わない方がいい。なぜなら、そのように言ったところで、どうしてそんなことを言われなくてはいけないのかと韓国男性は疑問に感じるし、それに〝自然の行為〟をすぐにやめるなんてできはしないのである。

韓国の道路は、日中、太陽の光の下であちらこちらがキラキラと光っている。

だが、その〝キラキラ〟の元が何なのか、じっくり見定めるようなことは決してしてはならない。それは、韓国男性たちが口から出した唾や痰であるからだ。見てしまったら最後、とことん気分を害するだけである。

韓国の道には〝キラキラ〟がたくさんありすぎる。

➡危ない！

韓国では、下を見ながら注意深く歩かなくてはならない。

理由❹

あなた、じろじろ見過ぎです……

難しい。

非常に難しいのである。

韓国人は、表情をコントロールすることができない。

韓国人だけができないのではないのかもしれない。他の国の人々も、表情管理が下手《へた》と言えるような気がする。逆に言うと、日本人があまりにも表情管理が上手すぎるのである。

●●●

韓国人は、内面の感情をそのまま表情に表す。性格同様、何とも単純かつわかりやすい人々である。

韓国人相手だと、一目見てその人が何をどう思っているのか手に取るように把握できる。それくらい韓国人は内面で思ったことを、そのまま「表情」として表へと出しているのである。

相手が受ける気持ちなどは考えず、自分が感じたままの気持ちを表情として「自然と発散してしまう」のだ。

韓国人がそのことを意識していたら、それは立派なものである。しかし、意識しているのなら、表情管理も多少は上手にできることだろう。だが表情管理に関してまったく意識していないがために、内面の感情と表情のコントロールが常に正比例しまくってしまうのである。

汚い物を見たら、露骨に「汚ねぇ！」という表情をする。顔を歪《ゆが》め、その汚さを顔全体で表現する。何ともわかりやす過ぎる。しかも、悲しいことだが、これは人間に対しても同じである。

自分の趣味に反する女性を見た時も、もろに表情に出してしまうのである。その表情は、まるで「お前はあまりにもブス過ぎる！」と、言葉にこそしなくとも、十分その意味を持っている。恐ろしい。そういった露骨な表情をしてしまう韓国人こそ、「お前の心はあまりにも不細工過ぎる！」なのである。

通りすがりの人にさえ、良くも悪くも関心があれば思いっきり眺める。眺めて、眺め

て、眺めまくる。

さりげなくチラリと見てみようとするのではなく、思いっきり眺めまくるのである。表情管理の「ひょ」の字もない、ただ「見たいから見る」のである。そして、尋ねられてもいないのに、表情にその「感想」を表してくれる。別に教えてほしくもないのに、だ。

相手が日本人なら、さぞ不信感が湧き上がってくることだろう。不信感というよりも、恐怖心が先立つかもしれない。

見られてしまう人の気持ちを何も考えず、自分が見たいというだけで見続けてしまうのだ。恐い。おまけに、見るだけでなく、「感想」までも無言で伝えてくれる。ますます恐ろしい。

表情作りのプロであるはずの芸能人でさえ、韓国人であれば、やはり一般人と同じく表情管理が上手いとは言えない。一般人よりも表情をコントロールする力が若干あるくらいだろうか。

テレビに登場するような人物でさえ、韓国人は表情の管理ができない。リポーターに困るような質問をされると、一瞬にして「むっ」とした表情をする。トーク番組の中で話題がなかなか自分中心にならないと、うつむき加減になり、時にはそっぽを向いたりして、もろに不機嫌な顔となる。そうしてはならないはずなのに、表情管理ができないのである。表情管理のプロであるはずなのに、テレビ画面の片隅に、ちゃ〜んと映っちゃってます。

誰に対しても、何に対しても、どんな状況でも、まったく表情管理のできない人々が韓国人である。

危ない！

韓国人が露骨に嫌な顔をして何かを見ていたら、それは心の中の本当の気持ちを素直に表現しているのだと察しなければならない。

理由❺

べちゃべちゃ！ くちゃくちゃ！

「べちゃべちゃ、くちゃくちゃ」、これは必ずしも韓国男性だけに限った話ではない。韓国では、老若男女すべてに共通して言えることである。老人も若者も、子供だって皆同じである。

韓国人は、何と言っても食事の摂り方がひどい。一言で表現してしまうならば、「下品」。この一言しか思いつかない。

●●●

韓国国内で、あるいは海外でも韓国人同士でなら、自分たちのスタイルで食事をしても何一つ悪いことはない。だが、韓国人以外の人間、それが日本人と同席する食事となると、これは大きな問題となってくる。もちろん、韓国人が自分たちの食事の仕方のミスに気がつき、恥ずかしがるなんてことはない。日本人だけが激しくショックを受けるのだ。

韓国人は、ハムスターばりに口の中に食料を詰め込み、そしてそれをいろいろな音色と共に噛み砕く。その音色ときたら、思わず耳を塞ぎたくなることさえある。音だけでなく、〝中身〟を披露しながら噛み砕いてくれることも朝飯前のことだ。いや、朝飯中もそうなのである。

両親もそのような食事の摂り方をするので、当然子供も同じ感じの食事の摂り方である。それが代々受け継がれていくのである。その間、その食事の摂り方に誰一人として疑問を持つことはない。

家庭内でも、家庭外でも、皆が皆同じような食事の摂り方をするので、何が上品な食事の仕方で、何が下品な食事の仕方なのかの区別さえできずにいる。

できるはずもない。幼少の頃から身に付けた〝技法〟は、海外で生活したとしても変わることはないのだ。韓国国内にいては、当然のことながら変化なし。

韓国のドラマでの食事シーン、あるいは料理番組の試食や実食のシーン……それらを見たことがある人はすでに気がついているのかもしれない。

韓国人のその食べ方は、日本人からすると実に「独特」である。

料理のほおばり方、音色、中身の披露……どれを取っても、ある意味、「すごい！」だ。呆れてしまいたくなるほど下品な方向に「すごい！」というのが何とも残念でならないが。

ドラマの中で、恐ろしいほど金持ちの坊ちゃんが食事をするシーンでも、〝お坊ちゃま〟はやはり、「ぐちゃぐちゃ」「べちゃべちゃ」といった音色を発して食事をしている。口の中に料理が入った状態でも、デカいビジネスの話などを平気でしたりもする。

一流の店（という設定）で、一流の仕事仲間と、一流の服を着こなしていても、食事の仕方は「一流」とはほど遠いものなのである。これが韓国人の食事の仕方の現実だ。演じる者も、指導する者も、それを見る視聴者も、誰一人としてそれが不自然で下品な食事の仕方などとは思わないのである。それも当然だ。それが「一般的」であるからだ。

韓国人と食事をする機会があるのなら、なるべく「音」に反応しないようにした方がいい。そして、相手の口元以外の場所にすぐに視線を移す努力も事前にしておいた方がいいだろう。

危ない！

韓国人の口の中から何か〝プレゼント〟が飛び出す前に避けなくてはならない。反射神経の善し悪しにより、〝プレゼント〟を受け取れるかどうかが決まってしまう。

理由❻

間接キッスを味わおう

その光景には、思わず目を背けたくなってしまうかもしれない。そして、できることならその輪の中には入りたくないという思いが強く湧き上がってくるだろうと予想される。

だが、韓国人と関わりを持つ以上、いつかは、それもすごく近いうちにその輪の中に入り、未知の体験をすることとなるだろう。なーに、恐がることはない。ありったけの勇気を振り絞れば何とか乗り切れるだろう。

●●●

日本人の感覚からすると、ちょっと〝驚きの光景〟だろう。〝かなり〟驚きの光景に映る人もいるはずである。

だが韓国ではまったく驚きの光景ではない。むしろ普通の光景である。韓国人は、それを指摘された際、必ず「(日本との)食文化の違い」という一言で簡単にまとめてしまう。

韓国では、チゲ(鍋)といった類の料理を食べる際、一つの鍋の中に一緒に食事を摂る人全員のスプーンが〝突入〟する。それは、家族でも、恋人同士でも、友人でも、会社の同僚とだってスプーンの突入合戦をすることとなる。皆、熱き思いを抱えて一つの鍋の中に使用中のスプーンを突入させるのである。

驚くことに、屋台などでは赤の他人とでさえ〝共有〟するものがあったりする。(韓国版)おでんや天ぷらなどといったものを食べる時、しょうゆ系の調味料が入った小壷を皆で共有して使用するのである。赤の他人の食べかけさえも、その小壷の中に突入することもあり、そして自らも「しょうゆ欲しけりゃ〝突入〟」せざるを得ない状況となる。

鍋の中の具をすくう時、汁を欲する時、自分が口の中でさんざん弄《もてあそ》んだスプーンであろうと、何の躊躇《ちゅうちょ》もなく鍋の中へと突入させるのである。

自分も何も感じなければ、その場にいる誰一人として、不快感を表す者はいない。

韓国人的には、日本人のように小皿に取り分けるといった行為より、「情け深く」「親しみがある」となる。間違っても「汚い」ことはないのである。

その昔こんなこともあった。

日本で、韓国人留学生と焼肉屋で石焼きビビンバを食べたことがあったが、その時、彼は小さな壷の中に入っているコチュジャン（唐辛子味噌）をすでに使用していた自らのスプーンですくってしまった。

コチュジャン用のミニスプーンが備えてあってもそれを使うこともせず、無意識に自分のスプーンを壷の中へと突入させてしまったのであった。

韓国人は、本当に「皆で共有」することが大好きなようだ。その時、私はさりげなく彼に注意してしまったのだが、彼は「？」の厳しい視線を私に投げつけてきたのであった。まるでコチュジャンのような辛い視線。

鍋料理をその場にいる全員と〝共同〟で食べること。

自分の使用している箸やスプーンを使ってはならないところにも、当然のように〝共有〟して使ってしまうこと。

日本人からすると、常識的に考えても、それらの行為はかなり受け入れがたいことだろう。はっきり言ってしまえば、「衛生的ではない」のである。

しかし、その行為が不衛生などと思う人は韓国にはほとんどいない。昔から、皆が皆、そのようにしてきたのである。情け深くて、愛情豊かで、親しみ溢れる行為。不衛生だなんてとんでもない。

少しは「汚いのかもしれない」と思うならまだしも、そのように思わないし、感じないのが韓国人なのである。もっとも、ここ最近になって、ようやくごく少数ながら「衛生的ではない」との声をあげ始めた人もいなくはない。しかし、その不衛生な食環境の中にいる国民一人ひとりの意識が変わらない限り、この先もこの食環境に変化が訪れることはない。

危ない！

韓国人と食事を共にすることになったら、家族でも友人知人でも、他人でさえも、皆で仲良く〝共有〟しなくてはならない。

理由❼

おいおい、殺す気かよ！

韓国を訪れたことのある人はよくわかっているはずである。韓国の交通事情のその凄まじさを……。

とにかく「ひどい」。ひどすぎるのである。

少しでも油断すると、すぐに交通事故に巻き込まれるのが韓国という地である。いや、油断なんて少しもせずに常に気を配っていたとしても危ない目に遭《あ》ってしまうのが韓国だ。喜ばしいことではまったくないのだが、交通事故世界一だけのことはある……。

●●●

韓国人は、運転技術が非常に〝未熟〟なのである。「運転免許」という資格にもかかわらず、「資格」の持つ意味が重々しくないのが韓国の運転免許なのである。

まず、運転免許の取得があまりにも簡単なのである。運転免許を取得できる年齢にさえ達していれば、誰でもすぐに取得できるのではないかと思えるほどである。と、これは少々言い過ぎだろうか。

韓国の運転免許試験でさえ落ちている人にはこんなことを言っては申し訳ないのだが、日本に比べると、数段簡単に運転免許が取得できるのが韓国という国なのである。

運転を教える方（教官）も運転技術が未熟であると言わざるを得ない。事細かく教えなければならないようなことも、実に適当にさらりと教えて終わらせてしまうことも多々ある。だから教わる方も当然のごとく、運転技術が未熟のまま晴れて免許取得となるのである。

これでは、韓国の交通事情が一向に改善されないわけである。車を操っている人々の技術不足、それに加え韓国人の性格……「汚い運転」とは言いたくないが、そう言うしかなさそうである。

以前、韓国のバスに一緒に乗った日本人が「まるで遊園地の乗り物に乗っているみたい」と表現したが、まさにその通りである。

遊園地の乗り物、それもメリーゴーラウンドといった穏やかな乗り物ではなく、ジェットコースター並みの激しい乗り物のことである。納得。韓国のバスに乗れば、遊園地に行かずしてジェットコースターに乗った気分になれるのである。座らずに立つとなおのこと遊園地だ。

日本では、「(大丈夫)だろう」運転ではなく、「(何かある)かもしれない」を想定した運転を教わる。

しかし、韓国の場合はそういったことを教わらないどころか、自分たちの性格上、「かもしれない」ということは一切考えることなく、「絶対に来ない!」と自己判断したうえで車を運転する。これでは、交通事故が多発するわけである。

ただでさえ運転技術が未熟であるのに、そのうえ自分たちの〝特徴〟を車の運転でもそのまま出してしまうのである。

「車を運転する時だけ性格が変わる人」がいると聞いたことがあるが、韓国人の場合、車を運転する時だって、そうでない時だって、その性格はまったく同じなのだ。

韓国人は、「譲り合う」ということを知らない人が多すぎるのである。クラクションを鳴らして、自分だけの道路にしようとしているのである。

それに加え、性格が短気で、自己中心的で、配慮の思いがない。運転する者、皆が皆そうなのだから、韓国の交通事情が危険極まりないのは仕方がないことなのかもしれない。

しかし、その「仕方がない」で交通事故に巻き込まれたり、最悪の場合、自分には何の落ち度もないのに命を落とすことにだってなりかねないのである。悲惨である。悲惨以上の話だ。

これは、なにも自分が歩行者として交通事故に巻き込まれる可能性があるかもしれない、というだけのことを言っているのではない。韓国人の運転する車に乗る時だって同じように危険をはらんでいるのである。

韓国人運転の車で二時間一緒にドライブしただけで、何度も何度も心臓に刺激を与えることとなるだろう。


←危ない！

韓国人の運転する車に乗る際は、ジェットコースターに乗るのと同じ心構えでいなくてはならない。シートベルトはお忘れなく。

理由❽

約束とは破るためにある

もうあまりにも有名なことかもしれないが、より明快にその事実を把握してもらうために、あえて〝お約束のお題〟について私も触れてみることにする。

韓国人との約束は、きちんとした「約束事」として捉えるのは少々考えるべきだろう。相手の口から出る「約束だよ」という言葉と共に出るセリフも、「約束」として本当に捉えていいのか今一度考えてみるに越したことはない。

韓国人の口から出た「約束」が実行に移されることはほとんどないと思っていいからである。

●●●

韓国人にとって「約束」とは、たいした意味を持たないのである。たとえ守られるか微妙な約束でも、軽々しく「約束！」と言っても何の問題が生じないのが韓国社会であり、韓国人同士の関係なのである。

特にこれといって意識はしていないものの、韓国人の言う約束とは、そもそも実行しないためにするようなものである。少し言い過ぎの気もしなくはないが、だが、実際破られる約束は数知れず……。

韓国社会において約束なんてものは、破って当たり前という風潮が強いのである。

日本人は、たとえばデートの待ち合わせ時間から大事な約束事まで、「約束」と名の付くものを重く捉えるのだが、韓国人にとっての約束は、どんなに重いテーマについてでも、非常に軽々しく口に出してもOKなものなのである。軽いテーマについては、当たり前のごとくその約束を平気で破ってしまうことも多い。

その時々の感情で、非現実的なことでも平気で約束してしまうこともあるのである。できもしない約束をしたとしても、その約束を「守ろう！」とする意識がとても低いのである。守らなくてもいいだろう、くらいに考えてしまいがちなのが韓国人である。

まさに「言った者勝ち」の世界。もちろん、その約束は言ったそばから忘れていってしまうことも日常茶飯事である。

韓国男性が「お前を一生守るよ」とか、「お前を幸せにするよ」といったスケールの大きいことを言い出したら、まず「この約束は守られることはない」と判断するべきだろう。

あくまでも、その時に自分の中で盛り上がってしまった感情を表現するためだけに出た〝守られることはない〟約束の場合もなきにしもあらず、である。その多くが〝守られることはない〟約束なのかもしれない。

「今度××に行こう」とか、「何かあった時はすぐに助けるよ」といった、そこらじゅうから聞こえてきそうな小さなことを言い出しても、やはり「微妙だが、おそらく守られないだろう」と判断しておくべきである。あるいは、「いつかは守られる日がくるかもしれない」と思うべきだろうか。

韓国人にとって「約束」という言葉やその意味が軽々しいものである以上、ちょっとしたことでもすぐに「約束」という単語が口をついて出てしまうだけのことなのである。

韓国人と約束らしきことを交わし、そしてもしその約束が守られなくても、そのことを事前にわかっていれば少しはショックを和らげられるのではないだろうか。

韓国人が真剣に熱く語った約束だとしても、それを浮かれてまるまる信じない方がいいだろう。韓国人の口から出たその多くの「約束」は、実行されずに闇の中へとひっそりと姿を消していくものがけっこうあったりするのである。

もし韓国人が約束を守らなくても、怒らないであげてほしい。かわいそうなことに、本人たちにまったく悪気はないのである。

約束を破ったからと責めたところで、逆ギレされるのがオチである。

危ない！

韓国人の口から出た「約束」は、日本人が思うような「本当の約束」ばかりではないと思わなければならない。

理由❾

タフガイの真相を明かす

日本の女性は、やはりその独特な捉え方で「いい方に」解釈する。

日本女性の韓国男性に対するイメージは、かなりいい見方をしてくれているな、という印象を強く受ける。

何ともありがたい。韓国人の一人でもある私からもよくお礼を言いたい。ありがとうございます。と、私を指名して言ってくれる人は誰一人としていないのか。

●●●

日本の女性は、韓国男性のイメージを、タフで男っぽくて、強く、逞しさがある、などと大層なことを言ってくれる。

少なくとも日本の男性諸氏よりも、ワイルドでタフで男らしい男であると〝勘違い〟

しているのだ。そう、完全に勘違いしている。

相当いい見方をするのは、日本の女性の「得意技」である。だが、そのいい見方も、あまりにも方向が逸れてしまうと、ただの勘違いで終わってしまうことも多々あることを忘れてはならないのである。

韓国男性が男らしくてタフ？

強く、逞しい？

ワイルドで頼りがいがある？

女性をぐいぐいと引っ張っていく男？

確かに「いい見方」をすれば、韓国男性はそうなのかもしれない。現に、韓国男性自身も、日本の男性より数段自分たちの方が男っぽい人間であると、酔いしれている。

しかし、実際はどうなのだろうか。韓国男性は本当にワイルドなタフガイなのだろうか。日本の女性たちがイメージする通りの、「いい男」揃いなのか。

私も〝身内〟として、そして私自身の〝名誉〟のために、韓国男性を「男らしい男」として紹介したい、胸を張りたい。だが、それはどうにもできそうにない。

なぜなら、実は韓国男性たちは、タフでもワイルドでもなく、逞しくも男らしくもなかったりするのである。

韓国男性の男らしさに夢を抱いている日本の女性がいたら、きつい一発となってしまうが、事実をお教えしよう。

韓国男性のタフさや逞しさ、男らしさは、単なるいい見方をした勘違いでしかない。それらの本当の姿は……がさつで粗野だ。

たとえば、相手の意見や気持ちを尊重することなく、自分のやりたいように、したいようにぐいぐいと強引に事を進めるのがワイルドでタフだとするならば、確かに韓国男性はみんなタフガイだろう。しかし、それらは本当のところ、繊細さに欠け、がさつで粗野なだけではないだろうか。

じっくりと韓国男性を観察してみよう。何をどうしたって、ワイルドなタフガイではないはずだ。がさつで粗野な男性像がしっかりと浮かび上がってくる。

体だけマッチョに作り上げても、実は〝見せかけワイルド・マッチョ〟な男が多いのも韓国男性の特徴の一つである。

「韓国男性は日本人よりも男らしい――」などといった良いイメージのまま韓国人と付き合うことになったら、後々がっかりすることになるだろう。男らしさや逞しさとは似ても似つかぬ、がさつで粗野な面を次から次へと見せられることになりかねないからである。

いい見方のみで錯覚してしまうのではなく、冷静にその本質を分析することも重要なのである。

危ない！
「ワイルドでタフ」と、「がさつで粗野」をごちゃまぜにしてはならない。

理由⑩

女房よりもお母さん

韓国男性は「ママ」が大好きだ。

「ママ」と言うと響きはいいが、韓国的には少しニュアンスが異なって聞こえる気がする。よって、「オンマ」や「オモニ」と表現するのがベストなのかもしれない。

それはさておき、韓国男性は、オンマが好きで好きで仕方ない。それはいいことだ。母親を嫌う人間よりも、母親を好いている人間の方が「いい感じ」ではある。母親の体からこの世に生まれ出たわけなのだから、母親を好くのも当然と言えば当然だ。現に私もオンマが好きである。

●●●

韓国男性のオンマ好きの何が悪いのか。もしかしたら、何も悪くないのかもしれない。

だが私は、韓国男性のオンマ好きを少々不憫《ふびん》に思っている。なぜなら、韓国男性のオンマ好きは、一般的な親への自然な愛情の限度を超え、もはやマザコンの域に達しているからである。

これは韓国の男性だけが悪いのではない。母親、つまりオンマにも問題がある。韓国の母親たちは、息子を溺愛するあまり、常に自分のスカートの中で保護し続けてしまうという本能がある。そして息子も、いい年になってまでぬくぬくとスカートの中でオンマに依存し続けてしまうのである。

息子を独立させないオンマ。オンマから独立できない息子。

母親は子離れできないし、息子もまた親離れできないのが、韓国男性がマザコンとなってしまう要因である。

マザコンを否定したくはない。ただ、マザコン傾向の強い、あるいは確実にマザコンである韓国男性と日本女性が一緒になるのは、後々のことを考えてお勧めするわけにはいかない。

これは確実に言えることだ。韓国男性は、「女房よりもオンマ」が大事だ。奥さんが一番ではない。オンマが世界で一番なのである。

この思いは生涯揺らぐことがない。このことをよく理解したうえで韓国男性と一緒になるのだったらいいだろう。しかし、ほんの少しでも「お母様より私の方が上ね」などと思ったら、絶対に後で泣くことになる。

オンマより女房が大事な韓国男性は、韓国国内ではおそらくいないに等しいだろう。それくらい、韓国男性は独立心のないマザコン男だらけであるのだ。

嫁と姑の間で何か争い事が起きたとしよう。韓国男性は、当然のようにオンマの味方をする。女房を援護してはくれない。オンマが間違ったことをするわけがないのだ。悪いのは女房なのだ。

理由が何であれ、オンマに逆らうわけにはいかず、ほぼ条件反射的にオンマの味方をしてしまうのである。そして、そういった息子が、韓国では「よくできた息子」というわけである。

オンマの方だって、息子が自分の味方であることをよーくわかっているので、当然嫁よりもはるかに強い。

韓国男性がマザコンなのは、「親も親なら子も子である」の法則に則ったものである。息子にべったりのオンマ。オンマにべったりの息子。


危ない！

韓国男性と結婚したら、味方であるはずの旦那が一瞬にして「敵」へと豹変する。しっかり敵を見極めなくてはならない。

オンマ大好き

私の味方は?

理由⓫

神様、仏様、お父様

韓国男性はいくつになっても母親〝Ｏｎｌｙ Ｌｏｖｅ〟のマザコン男である。それとは対照的に、父親には非常に距離を置いている。いや、距離を置かざるを得ないのである。

韓国男性にとって父親の存在は、王の地位にも近いものがある。父親は尊敬に値する人間であり、常に気を遣《つか》わなくてはならない相手であるのだ。

当の父親も自分の存在が「王」であるかのような振る舞いを自然とする。息子に対して、いつ何どきでも上位に立ち続けるのが韓国の父親たちなのである。

●●●

韓国男性が父親に気を遣うのは、すでに限度を超えた尊敬心からである。「父親＝無条件に尊敬しなくてはならない存在」であるのだ。もっとも、はじめは多少なりとも尊敬心があったのかもしれない。しかし、それは年齢を重ねていくうちに次第に「恐怖心」へと変わっていく。

韓国男性は、父親を恐れるあまり、常にビクビクと父親の顔色ばかり窺《うかが》っているのである。

父親の前でタバコを吸うなんてもってのほかである。お酒だって、面と向かって飲んでいる姿を見せるわけにはいかない。父親に気を遣いつつ、控えめに顔を背け、「ちょびちょび」やらなくてはいけないのである。

父親が帰宅した際には、すぐにきちんと〝お出迎え〟しなくてはならない。

当然、父親に「タメ語」なんて使ってはならない。常に丁寧な言葉遣いをして当たり前なのである。相手が「父親」なのだから、そのすべてにおいて気を遣い続けなくてはいけないのである。

他人に父親の話をする際も（身内なのにもかかわらず）、父親を指す単語は尊敬語である。例外なんて認められない。父親は偉人なのだから、気を遣って当たり前の大きな存在なのである。

父親を尊敬し、父親に気を遣うのは決して悪いことではなく、むしろいいことだろう。

父親だって、自分の父親にそのように接してきたのだから、今度は自分の息子に同じような待遇をされてしかるべきだと思い込んでいる。

だが、韓国男性の父親への態度は、とてつもなく堅苦しい。堅苦しいどころではなく、めいっぱい〝窮屈〟である。堅苦しいが、誰もそれをラフな感じに改めようとは思わない。変えてはならない伝統であるからだ。

父親を尊敬しないガキよりは、父親を尊敬する韓国男性の方がいい奴なのかもしれない。だが、それにも限度ってものがあるはずだ。あまりにも父親の顔色ばかり窺っているようでは、息子が、息子なのか奴隷なのかわからなくなってくる。

それとも、韓国の父親たちは「王様」なのか。〝尊敬〟と〝恐怖〟は別物であるはずなのに、韓国男性の父親に対する接し方を見る限りでは、その二つは同一の意味を持っているように思えてならない。

日本や欧米では、父親と息子が友人同士にも近い、親しい関係を築いている家族も多くあることだろう。しかし、韓国においてはそれは皆無に等しい。父親に友人のような振る舞いをしようものなら、勘当とまではいかなくともややこしいことになりかねない。

何歳になっても、韓国男性にとって父親とは恐い、恐い存在なのである。親しくしようなんて思ってはならない、いつも最上級の気を遣い続けなくてはならない相手なのである。

危ない！

韓国男性と結婚することになったら、彼と同じく父親に敬意を払い、常に顔色を窺いながら尊敬の念を抱かなくてはならない。

理由⑫

覚悟必須、韓国人との「お酒」

本来、お酒の場は楽しいはずである。

しかし、それがまったく楽しくないのだ。楽しくないどころの話ではない。非常に重苦しい雰囲気となってしまうのである。

そう、ラッキーかアンラッキーか、韓国人と一緒に酒を飲むことになったら、楽しいだけの場とはならないことをしっかり覚悟しておいた方が正解だろう。

もちろん、日本人のように楽しくお酒を飲むということを実践できる韓国人も（ごくごく少ないが）まったくいないわけでもない。と、一応フォローを入れておくことにしよう。

もう数年ほど前になるが、いまだに強く印象に残っている思い出がある。

日本人女性の友人二人とともに、かねてから「いつか食べに行こう」と話していた「本格韓国料理」を食べに出かけた時のことである。〝本格〟と言っても、韓国の家庭料理と言えるものであった。

東京・新宿の職安通りに面した小道を一本入ったところにある店だった。私は、その店には過去に数回行ったことがあった。小さい店であったが、家庭料理も食べられ、お酒も飲め、そしてカラオケセットまで置いてある店である。

私が日本人の口にも合うだろうと独自に判断した大皿料理を何品か見つくろって注文し、料理と一緒にお酒も楽しんだ。

私たちが飲み食いをしたり雑談をしていると、隣のテーブルに韓国男性二人が座った。「隣のテーブル」であったが、なにせ狭い店、テーブルとテーブルの間のスペースらしきものはさほどなく、まるで同じグループとして座っているような形になった。

当然、隣の会話も丸聞こえ、そしてそれと同じように、私たちの日本語での会話もまた丸聞こえだったことだろう。

韓国男性二人はその店の常連客のようで、韓国人女性店長やアルバイトの韓国女性とも打ち解けた雰囲気で話していた。私たちも私たちで会話をしていたのだが、店長が私と同席している日本人二人のことを、「隣の席の二人は日本人よ」と、韓国男性たちに言っているのが耳に入ってきた。

その時、私と韓国男性の一人は何となく目が合ってしまい、たがいに軽く会釈《えしゃく》なんてものをした。それがきっかけとなったのか、それから五分と経たないうちに韓国男性二人が声を掛けてきた。〝話したい相手〟は、私ではない。日本人の二人の女性だったようだ。

「日本語で話をしているし、最初から日本人だと思いました」とか、そういったきっかけで声を掛けてきたと思う。韓国男性は二人とも、若干聞き取りにくくはあったが、それでも達者な日本語を操っていた。

韓国男性二人は、日本人が少なからず戸惑っているとは気づかず、そのまま完全に私たち側に体を向けた。そして、頼んだわけではなかったが、自ら、一人は留学生、一人は駐在員であると自己紹介をしてくれた。

自己紹介が済んだ後、「一緒に話してもいいですか?」と、愛想のいい笑顔をしながら尋ねてきた。ここでも私にではない。日本人女性に、である。

彼女らは私に答えを求めてきたが、私はただ軽く笑い返した。判断を二人に仰ぎたかったのである。そして、私の軽い笑いの意味を察してくれたのか、笑顔で「いいですよ」と、ゆっくりと聞き取りやすい日本語で返事をしていた。もっとも、そういった店のそういった場で「嫌です」と言うことは、最初から選択肢の中にはなかったことだろう。

はじめのうちは、皆で世間話をした。途中何度もそれぞれの内輪での会話に戻ったりもしたが、そういった時には、韓国男性二人が再度話を振ってくるといった流れになっていた。

韓国男性二人はお酒がけっこう進んだのだろうか、最初のうちこそ、そこそこ楽しく会話をしていたのに、徐々に違う方向の話をしてきた。日本経済の話、不景気について、日本の政治家の話や、はては「日本人の歴史観の〝間違い〟をどう思うか」までである。

私は一気に興醒めしてしまった。日本人二人も、その手の話にはまったく興味がないと見えて、いくらか辟易《へきえき》している様子であった。私たち三人は、ほとんど韓国男性二人の話を〝ただ聞いてるだけ〟状態となってしまった。二人だけが、熱気を帯びて話していたようなものだ。

私は、そろそろ店を後にするべきだと思い、そのことを言い出すタイミングを見計らっていた。しかし、ある時点から韓国男性二人の意見が食い違ったらしく、二人はますます熱い会話（討論？）を進めてしまったのだ。非常に嫌な流れだった。そして、だんだん険悪なムードになる中で、韓国男性二人は日本語ではなく韓国語で、しかもかなりの大声で喧嘩らしきものまで始めてしまったのだ。

その店にいる周りの人のことは一切気にせず、二人だけが最高に沸騰したお湯となってしまったのであった。

いきなり横でゴングが鳴ってしまったので、日本人女性は目を丸くしてどうしたらいいものかと困り果てていた。そこで私は、店を出ようと二人に伝えた。

私たちが帰り支度を始めると、（やはりそこまで来たか……）との私の悪い予感の通り、韓国男性二人はとうとう掴み合いの喧嘩までスタートさせてしまったのであった。

私は、非常に驚いている日本人二人に、少しでもその〝乱闘〟から離れるように急かせた。とばっちりを受けかねないからである。止めに入ったはずの店長さえも、大声で喚《わめ》き散らし、むしろ乱闘を激化させているようであった。

乱闘は収拾がつかないほど激しさを増していたので、私はアルバイトの韓国女性に警察を呼ぶべきだと提案した。沸騰した湯は、それくらい熱々だったのだ。

しかし、アルバイト店員は、「店長が何とかする」と、まったく〝何とかなっていないのに〟その言葉を繰り返した。それなら私が呼んでもいいと伝えても、頑なに拒否し続けた。挙げ句の果てに、お代はいらないから私にもう帰ってくれるように言ってきた。

そうはいかないので、ひとまず会計だけは済ませた。アルバイト店員が私を外に押し出そうとしたので、結局私はそれに従うしかなかった。しかし、〝乱闘〟は、激しくなる一途だった。

アルバイト店員は、「あの二人はよく来る客だし、こういった喧嘩はしょっちゅうあることだから警察を呼ぶまでもない」と、私をさらに出入り口に急かしながら言った。

そして続けて、「警察が来ると、いろいろとややこしくなるので嫌」と、こっそり言ってきた。それでもその顔は、何だかやたらと強気の顔であった。開き直った、といった具合だっただろうか。きっと、喧嘩以外にも〝ややこしくなる〟理由があったのだろう。

アルバイトの韓国女性は私をぐいぐい出入り口に押した。そして私は店を後にしたのである。

日本人二人は、「どうなった？」と、しきりに気にしていた。私はただ、「大丈夫みたい」とだけ言った。そうなのだ。大丈夫なのだ。韓国ではよくある話。酒の場では、驚いたりするまでもない光景であるのだ。よく見掛ける光景……。

その後駅へと向かう道ではずっと、今さっき目撃した出来事についての話で持ち切りであった。日本人二人は、その激し過ぎた光景に少なからずショックを受けたようで、何度も「恐かった」と「すごかった」を繰り返した。私は、出来事そのものよりも、二人に対して何だか申し訳ない気持ちでいっぱいになってしまった。日本人女性にとっては、「生まれて初めて見る恐怖の光景」だったことだと思う。

アルバイト店員が言っていた「しょっちゅうあること」は、確かに韓国ではしょっちゅうある出来事である。しかし、日本ではそうではないのである。

思い出したくもないが、日本という地だっただけに今でもすぐにその日の光景が思い出せる。あの日以来、私がその店に足を運んだことはない。

韓国人にとってのお酒は、「飲んで楽しむ」というよりも、悩みや、何かつらいことがあった時にこそ口にしたいものである。もしくは、はじめは楽しむために飲もうと思っていたとしても、すぐにつらい話や悲しい話へと切り替わってしまうのである。

これは普通の〝流れ〟である。うまい酒や、楽しい会話などはさして重要ではない。重要なのは、誰が、より悲しんだり、苦しんだり、つらかったりするのか、なのである。まるで「不幸を自慢し合う大会」のようである。

韓国人のお酒の場は、愉快どころか非常に暗いものがあたり一面に漂っている。まるでそこが悩み相談所か悩み発散所でもあるかのような雰囲気になってしまっているのである。

実際、少し趣味は悪いが、韓国の飲み屋でお客を観察してみると、無表情や、何やら深刻な顔を浮かべながら飲んでいる人が多い。すごい剣幕で怒っている人までいる。

そしてついでに、話に聞き耳を立ててみると、そこからわかるのは、たいてい楽しい話とは相反するものである。会社であったつらいことや愚痴。失恋したつらさ、悲しさ。苦しい家庭の事情。それぞれが抱えている自分の悩みなどである。

悩みだけでなく、普段絶対に言わないようなことも、お酒の場ではすべてが受け入れられるかのようについ言ってしまうようだ。

人生、友情、夢、愛などやたらとスケールの大きい話でも、飲み屋ではいたって真顔でしてたりする。

たとえ飲む前はまともな会話をするまともな人であったとしても、ひとたび飲み出すと、一気に豹変してしまう。

それがお酒の持つ力なのか、それとも弱くかわいそうな自分をお酒の力を借りて表に押し出しただけなのか。韓国人の場合は間違いなく後者であるはずだ。韓国人は、つらさ、悲しさをお酒を飲んで表に出す。お酒に慰めてもらいたい、共にお酒を飲む人に慰めてもらいたいのである。

そして、お酒に酔うだけでなく、そのつらさや悲しさを抱えている自分にも酔ってみたりもする。それでは愉快にお酒を飲むことは不可能なことである。

そもそもお酒を飲む前の心構えが、楽しむか、それとも何か悩みを吐き出すかで日本人とは異なっているのである。

韓国人と日本人が一緒にお酒を飲むということになると、これは日本人にとってはかなりきついことになるだろうと予想される。

スタートはいい雰囲気であったとしても、時間が経過するにつれ、韓国人は一方的につまらない話、もちろん本人にとってはつまらないどころか重要な話ではあるのだが、それを延々と続けることとなるのである。

悩み話だけにとどまらず、肩の凝るような歴史の話、政治の話、人生についてなどまでに発展することも多々あることだろう。この手の話が好きな者同士なら、さぞ話に花が咲き、盛り上がって楽しくなることだろう。

しかし、韓国人の場合、相手がさほど興味を示さないで話に乗ってこなかったとしても、途中で打ち切ることなどできず、自分の話すことだけにただただうっとりと酔いしれてしまうのである。自分だけ熱くなり、思う存分語れれば、もうそれだけで大満足、となるのだ。

危ない！

韓国男性とお酒を共にすることになったら、つまらない話を延々と聞き続けることになりかねないことを、あらかじめ胆に銘じておかなければならない。

理由⑬

最高の男である俺と最高の国で最高の結婚生活を送ろう

最高・最大・最上・最も・最高級・最上級・一番・一流・第一……韓国国内で大人気の言葉の数々である。

これらの言葉を、韓国人は最高に好む。社会全体に、こういった類の言葉の数々が溢れているのである。その数はもう数えることさえもできないほどである。

もうそれは、やたらと目につく。

韓国は相当すごい国らしい、と思えてならない。

最高で最大で最上で、そして最上級で一番で一流がそこらにごろごろと転がっているからである。

あまりにも豪華絢爛《けんらん》すぎて、そのすべてが嘘くさく感じてくるくらいだ。

●●●

マスコミ、雑誌、人々の会話、店の宣伝だってなんだって、そのすべてが「最高」を好んで好んで好みまくる。

別に最高でなくてもいいのである。自分でも最高だなんて思っていなくても「最高」と言ってしまったり、その言葉を何食わぬ顔で使ってしまうくらいである。

韓国という国全部を、「最高」がすっぽり包み込んでしまっているのである。「最高」という言葉を使わないと、人々は不安に陥ってしまうような、それくらい重大かつ重要な単語なのである。

チキン屋の宣伝文句は、「国内最高の味！　最上の雰囲気！　最大のサービス！」で、スナック菓子には「最高においしい！　一流の菓子！」で、雑誌や新聞、テレビコマーシャルにだって、「最高」「最上級」「一流」の言葉や文字が平然と並ぶ。

個人経営の塾だってそうである。「国内最高の講師！」って、先生がたった一人でもそうだ。そのたった一人の先生が国内最高の講師なのか。経営者兼講師の先生が自ら言っちゃってるよ、「自分は国内最高の講師」であると。お見事！　最高です！

なにも店やマスコミばかりが「最高」を好んでいるのではない。

一般にも「最高」は人気の言葉であり、当たり前のように浸透しているのである。女性に対しての言葉だって、もちろん「最高」がベストなのだ。

恋愛中の韓国男性は絶対一度は言うのである。

「君はこの世で最も綺麗だよ」

「あなたを一番愛してるよ」

「誰よりもあなたを最高に幸せにするよ」

「最大の愛をあげよう」

……痒《かゆ》い。シャワーを浴びたばかりだが、体のあちこちが痒い。

でも、韓国男性は数日シャワーを浴びてなくてもぜんぜん痒がらずに、「腹、減ったな」くらいの感覚で普通に〝最高の言葉〟の数々を、最高にかわいく、最高に愛しい女性へと投げてくれる。なんと最高の男たちなのだろうか。

日本の女性は、最高の言葉をプレゼントしてくれる韓国男性に、感動のあまり目眩《めまい》を感じてしまうのか。それとも、あくまでも〝言葉だけ〟と冷静に判断するだろうか。

韓国男性の派手派手しく、最高に臭みのある言葉の数々は、言葉だけである。

どんなに臭い、いやいや格好いい言葉でも、韓国男性はサラリと言えてしまう。

国自体が「最高！」という誇大広告を好むし、どんなに最高の言葉でも言うのはただ（無料）ということを韓国男性はよく知っているのである。

危ない！

韓国男性の口から「最高」の言葉が出てきたら、「あなたも最高よ」くらいのことを言い返せる余裕ある心構えでいなければならない。

理由⑭

そこの弱虫日本人、表へ出ろ!

その男(韓国人)は、やたらと日本人とケンカをしたがった。

彼は日本での留学期間中に数々の伝説を作った。彼の愚鈍な行い(いや、伝説か)をここで暴露してしまおう。

韓国人は、なぜか日本人にケンカを売りたがる。彼もそんな韓国人の一人であった。

•••

彼はしょっちゅう「日本人は弱い!」と〝日本人がいないところ〟で言っていた。そして、彼は止めどなく自分の〝武勇伝〟を韓国人相手によく自慢していた。

彼の武勇伝、それは、日本人にケンカを売り、そして「日本の男は、ケンカする前からビビって謝ってくる！」というものであった。まったく意味不明の行動でも、彼の中では、相当格好のいい〝武勇伝〟の数々らしい……。

「日本の男は弱い！」。これが彼の口癖である。

やれ一般の道路や電車の中、ホーム、あちこちの店内で、自分からわざとぶつかってケンカを売ったのに、日本人の方から先に「すみません」と言ってきただの、やれコンビニの前に座り込んでいた若い男どもを怒鳴りつけたら、頭を下げながらその場からそそくさといなくなっただの、やれ通りすがりの日本人に睨《にら》みを利かせたらすぐに目を逸らしただの……そんな無茶苦茶なことを目を輝かせながら語っていた。

〝伝説の彼〟がまだ日本にいた頃のある日、彼と私、そしてもう一人の韓国人と居酒屋で飲んだ。

店を出た後、彼は上機嫌で「ケンカ売ってみようか？」と、何ともいい迷惑なことを言い出した。彼にすれば、またひとつ〝武勇伝〟を増やしてみようという魂胆《こんたん》があったのだ。

彼が、「あいつらなんかどう？」と指差した先にいたのは、いかにも〝善良な市民〟といった外見の、いたって普通のサラリーマン二人組であった。「普通の人とは違う訓練を積んだんだ」と、いつも自分の肉体を自慢している彼よりも明らかに一回り以上小柄な男たちである。その事実を知って、私は彼の〝武勇伝〟の本当のところがわかった。私は彼を〝かわいそうな人〟と、認定した。

私が、彼の武勇伝作りに荷担することもなく、また、盛り上げることもなく、次の店に行くことを提案すると、彼は実にあっさりと売りかけたケンカをなかったことにして黙ってついて来た。もちろん、サラリーマン二人組とはケンカはおろかすれ違いもしなかった。しかし、彼は「あいつら、きっと臆病者の日本人だよ」などと抜け抜けと言っていた。


人を〝選んで〟日本人とケンカしたがる彼に、人を選ばず日本人と〝正式なケンカ〟をすることを勧めてみたらどういった反応を示すだろうか。

きっと、何事もなかったかのような涼しい顔をして、「そういうのには興味がない」とでも言ってきそうな感じである。

日本は〝格闘技王国〟である。柔道、剣道、空手、合気道など実に多くの格闘技が日本で誕生し、現在へと受け継がれている。

他の国々にも、それぞれ格闘技なるものがあるが、その中には、日本生まれの格闘技が土台になり、それらを取り入れて出来上がっていったものもあったりすることだろう。

今や日本の格闘技は〝世界の〟格闘技であるとも言える。それは、日本の格闘技が世界に広まり、あまりにもメジャーであること、そして日本の格闘技が世界の格闘技界に与えた影響力の大きさの両方を指している。

今現在、日本では世界のどこよりも多く、多種で多様な格闘技の大会が行われている。世界のトップファイターたちが、格闘技王国日本に集結し、その力を日本で証明するために全力で戦いに挑んでいる。それを受けて立つ日本勢も、格闘技王国の使者としての力がみなぎっている。

多種な格闘技の中には、スポーツとしての格闘技というよりも、いくつかのルールを設けただけのごくケンカに近いようなものもある。そういったものが、また非常に高い人気を集めている。

世界が認定済みの格闘技王国の日本であるが、その国に住む日本の男性たちは、はたしてケンカが好きなのだろうか。強いのだろうか。

日本人はケンカができないのはもちろん、「弱いから」というのがその理由であると韓国人は思い込みがちである。しかし、実際はどうだろうか。私は、その他大勢の韓国人の意見にはどうしても納得がいかない。

日本人は基本的に、戦いというものが好きであると思える。闘争心を戦いの場で存分に発揮し、そしてそれを好み、楽しんでいるような気さえしてくる。正式なケンカとも言える格闘技に進んで参加する人もいれば、それを観戦する熱狂的なファンも多い。そういったことから、日本人の格闘技に対しての関心の高さを窺い知ることができる。

だが日本人は、そういったきちんと認められた場で正々堂々と戦うのは好んでも、無意味なストリート・ファイトは好まない。つまり、本来ケンカ好きではあると思われるのだが、一時の感情に流されてだとか、酒を飲んでついといったちっぽけでくだらないケンカに対しては軽蔑するのだと思う。

だからこそ、日本ではストリート・ファイトを見掛けることがほとんどないのだろう。ちゃんとした真の武道、格闘技、スポーツとしてのケンカのような戦いは好み楽しむことができ、そうではない無意味で訳のわからないただのケンカは嫌いな人種なのだと私は判断している。

日本人は、格闘は格闘であっても、正式ではない格闘は軽蔑の対象とし、相手にもしたくないことだろう。ケンカ好きであることには変わりはないのだが、世界で最も歴史や名実がある日本の格闘技を、くだらないことには持ち出したくないという気持ちを察することができる。

実際、日本では街中や飲み屋などでケンカを見掛けないのに対し、韓国では、何ともみっともない無意味なケンカ（くだらないことでも本人にとっては十分に意味があるのかもしれないが……）をよく見ることができる。格闘技王国である日本とは、逆なのである。

ストリート・ファイトと言うと聞こえはいいが、ようはただの、突発的に起こるたわいもないケンカである。

家族と、友人と、あるいは見ず知らずの人とケンカを繰り広げるのが一般的となっている国の人間からすると、ケンカのひとつも滅多に見掛けない日本に住む日本人は何と気が小さい人間に見えてしまうことだろうか。

韓国人の中には、日本人を「格闘技王国だとかほざいているくせに、ケンカもできない弱い奴ばかりだ！」などと完全に勘違いしてしまっている人が実に多い。だが、それは日本人がくだらないケンカには、徹底的に無関心、無視を決め込んでいるだけのことなのだ。弱いから逃げているのではなく、幼稚なことに構うのが嫌なだけなのではないだろうか。

韓国人が、そのへんの道端で日本人にケンカを売ろうとしても、一生相手にしてもらえないだろう。弱いと思い込んでいる日本人と、どうしてもケンカをしたいと言う韓国人がいるのなら、日本にはまるでノールールのような格闘技大会もいろいろとあるようなので、是非そこに参加してみればいいと思う。もっとも、参加させてもらえればの話ではあるが。

街中で日本人にケンカを売り、無視されたからと言って、それを「やっぱり日本人は弱いなぁー。逃げたぜ！」などと自分の強さ（本当はそれこそ〝弱さ〟である）に有頂天になるのではなく、正式な場で日本人に戦いを挑んでみればいいのである。すぐに自分の強さ、いや弱さを実感することになるだろう。

格闘技王国の日本人が弱いことはないのである。正式な格闘技での試合の数々が日本人の強さを証明している。

韓国人が弱いと思い込んでいる日本人たちこそ、非常にレベルが高いのである。選手層の厚さ、全体的なレベル、世界的な格闘技大会を主催できる運営力、ファンの格闘技に対する認識の高さ、そういったものを総合的に考えた場合、日本とアメリカがその両雄であり、その後にブラジルやロシア、オランダなどが続くのである。

一人二人の選手を見て、「日本人よりも強いじゃないか！」とは言わないでほしい。あくまでも〝全体〟を見て判断するべきなのである。

ケンカに近い格闘技大会は、上記のような国々の人たちが制覇している。アジア勢は日本以外にはいないのだ。体の大きさも身体能力も西洋優勢と考えられるなかで、アジアでは唯一、日本だけが欧米と並ぶかそれ以上のものを持っている。

韓国人は、もっと日本人のケンカに対する態度と、その本当の実力をわかり、認めるべきなのである。

それがわからない〝口だけ強い奴〟や〝誰かれかまわずケンカを仕掛けて勝った気でいる奴〟は、それこそ正式なケンカでの日本人の強さをしっかり理解する必要があるだろう。それがわかれば、日本人が弱いなどとは一言も言えなくなるはずである。今はただ思い込みだけが先行し、〝現実〟がわかっていないだけなのだ。

適当なケンカで日本人と戦ってみようとする根性自体、もともとその人が幼くてたいしたことのない人だということである。日本人が弱いと言っている韓国人に限って、必ず口だけ強い臆病者だったりするのである。

ここまで書いてもまだ「日本人は弱く、自分が強い！」と思っている人がいるのなら、日本人と〝正式なケンカ〟をして、事実をしっかり知るべきである。日本人が弱くて自分が強いと言い張る人に限って、素知らぬ顔をしそうである。

アジアでは断然引き離してトップに位置しているのが日本人であり、それは世界に出ても同じことだろう。韓国人が日本人を、「ケンカが弱い！」と言っているのを見聞きするたびに、そういった韓国人は夢物語の中にいるのだとしか思えない。

本当に強いのはどちらか、本当に弱いのはどちらなのだろうか。

〝正式な戦い〟をすれば、すぐにわかることである。

韓国人が日本に行き、日本人にケンカを売っただの、日本人とケンカをして勝っただのといった話をよく聞くが、それらは韓国人の大好きな「武勇伝」（作り話多し）である。おかしな、おかしな武勇伝だ。韓国人にとっては、自慢せずにはいられない武勇伝、となるのだろう。なんだか無性に悲しい。

「日本の男は韓国人よりも弱い」説を叫んでいる韓国の男性に限って、〝人を選んで〟ケンカをふっかけるような愚かな人だったりする。正式なケンカにはビビり、自分が勝てそうな相手に対してはとことん強気に出るのだ。

危ない！

華麗な（ケンカ）武勇伝を自慢する韓国人ほど、実は自分よりも弱い相手にだけケンカをふっかけるような情けない奴だったりするので、いざという時にあなたをおいて逃げ出すかもしれないということを前もって想定しておかなければならない。

理由⑮

セックス、運転、そして韓国男性

セックスと車の運転は同じようなものなのかもしれない。やけにピント違いの見解かと思われそうだが、だが実際、まったく的を射ていないとはどうしても思えない。

これが意外や意外、ピントがぴったり合ってしまうものなのである。

韓国人の車の運転技術の未熟さについては先にもう述べてしまったが、今度は運転技術のみならず、運転中の行動、そしてそれらとセックスを絡めて韓国男性を語ってみたいと思う。

私は男であり、韓国男性と（もちろん日本の男性とも）性経験がないので、この手のことを詳しく比較するのはおかしいかもしれないが、それでも、私の頭の中にある情報と知識、そして想像力をすべて呼び起こし、あえて語ってみたいと思う。

●●●

車の運転及び、運転中の行動で、その人のセックス時の行動が見えてくる。

私は日本人が運転する車に同乗した際、そして韓国人が運転する車に同乗した際、ふとそんな風に比較して考えたことがあった。

そして、その考えを自分の中で消化してみると、それがおもしろいほど、ぽっかり空いていた穴にぴったりと収まってしまったのである。

韓国人の車の運転の〝荒さ〟は、なにも今に始まったことではない。

韓国人特有の性格が示す通り、その荒っぽい運転は、韓国社会に自動車というものが登場してからずっと同様である。

韓国人は、荒っぽい運転に加え、何とも自分勝手な運転をする。まるで、道路は自分のために舗装され、信号は自分のために点灯しているとでもいうかのように、である。

車線変更は自分のしたい時にしたい場所で、信号無視はお手のもの。それが韓国人の運転だ。実はこれ、セックスとピタリと一致する。

車内での行動はどうだろうか。

誰が同乗していようが、ここでもやはり、その自分勝手ぶりを発揮しまくる。運転手はいつから王様になったのだろうか。

自分が窓を開けたい時に開け、同乗者のきちんとセットした髪がボサボサになってしまっても気にしない。

タバコだって吸いたい時に吸ってしまう。運転中のタバコはよほどおいしいのだろうか、連続吸い《チェーンスモーキング》である。

同乗者がいたって、急ブレーキ、急発進をしてしまう。

まるで自分一人しか車内にいないかのような運転の仕方である。

これまたセックスと完全一致。

韓国男性の車の運転とセックス行動は、同じなのだ。

〝自分さえよければすべてよし〟の精神が非常に強く表れるのが車の運転、そしてセックスである。

日本人はどうだろうか。

人を乗せる時こそ、普段以上に気を遣っているのがありありと感じられる。

車の運転技術そのもののレベルが韓国人よりも高いので、急ブレーキ、急発進はしないのはもちろんのこと、エアコンの調整からBGMの選曲まで同乗者に尋ねたりする。

非常に丁寧で細かいのである。

自分勝手どころではなく、同乗者に心地のいい時間とスペースを提供してくれることだってあるのだ。
韓国男性とは正反対に近い。車の運転とセックス、何か関係がありそうである。
車の運転は、その人のセックス行動を密かに伝えてくれる。

危ない！

彼（韓国男性）のベットマナーを事前に把握したければ、ドライブに出掛け、彼の車内での行動を注意深く観察してみなければならない。

理由⑯

変態パラダイス

韓国人は、日本人は男性も女性も、その多くの人々は変態であると思い込んでいる。

セックス大国の日本、セックス好きの日本人ということに加え、日本人は「変態」であるということが、日本の性産業や性文化を批判する時によく登場する人気単語である。

セックス大国。

セックス好き。

変態。

この三点は、日本人を語るうえでどうやら欠かせないものとなっているようである。

●●●

韓国人は、日本人が変態であるということを常日頃から断言している。

しかし、声を揃えて日本人が変態だと批判している韓国人を見ると、私はその人たちのことが非常にかわいそうに思えてくる。もう少しだけでも考える力を働かせることができるならば、すぐに自分たちの言っている「日本人はみんな変態！」説が間違っているということに気づくはずだからである。そして、その説を唱えていた自分を恥ずかしく思うだろう。

私の友人に、勤務先で知り合った日本の女性と付き合うことになった韓国人の男性がいたのだが、彼はそもそも〝付き合い〟の第一歩を踏み出す前から相当気掛かりなことを抱えていた。

韓国人である彼は、見た目も性格も真面目そのものの、実に模範的な匂いのするような人であった。その彼と付き合うことになったという日本の女性もまた、彼が言うには「真面目ないい娘」らしかった。

彼が気掛かりだったのは、付き合いが進むにつれ自然とその彼女と寝ることになった場合に、はたして自分はどうすればいいのだろうか、ということであった。「何で俺にそんなことを聞くんだよ！」と、ツッコミを入れたくもなったが、彼としてはさほど親しくもない人に話すべきことではないし、ある程度気心が知れた間柄の私にならば聞いてみてもいいと思ったのだろう。

彼とはそこそこ長い付き合いの私が知る限り、彼には恋愛経験というものがさほどなかった。そんな彼が、日本の女性と付き合うことになったということで、彼の気掛かりは異様なほどに膨《ふく》らんでいた。

彼の論理としては、「日本の男は変態が多い。だからその相手をする日本の女も変態なのだろう」すなわち、「日本人はノーマルなセックスでは満足できないはずだ」ということであった。

真面目で純粋そうに見えるというその彼女も、自分のような平凡なセックスしかできない男は嫌いで、一度寝たらすぐに振られてしまうのではないかというのが、彼の気掛かりの核心だったのだ。

彼自身、「日本のAVのような」テクニックを持っていないので、日本女性である彼女が満足できるわけがないと本気で気にしていたのである。

まだ、「寝る」の「ね」の字が登場する前から、すでにこの気の病みようである。

彼が「やっぱり彼女も変態がいいのかな?」と言ったあたりで、私は「何も気にするな」という言葉をかけるのがやっとであった。

韓国人である彼と、日本人である彼女との交際は続いているようだが、「ね」の字が登場したかまでは、彼も言わないし、私も聞かない。正確に言うと、彼とはしばらく連絡が途絶えているので、まだ付き合いが続いているのかどうかさえもわからないのだ。

韓国人である彼が話していた「変態」。そもそも変態の基準とは何なのだろうか。ただ単純に変態だと一語で批判する前に、変態とはどういった基準で言っているのか、知っているのならば教えてほしいくらいである。

だが、教えてくれることはないだろう。それは誰にも答えることができない質問なのだ。なぜなら、変態の基準なんてものは最初から存在していないからである。

何が変態で、何が変態でないかなどということは、国によって、各個人によって大きく異なることだろう。変態の境界線は、それぞれ違うのである。

もちろん、一般的に見て変態と言われる部類に入るような行為はあるのかもしれない。だが、はたしてそれも変態だと言い切れるかどうかさえ微妙なところである。

国や各個人によって変態の基準が異なるように、この行為が変態だ、などと決めつけて言い切ることはできないはずである。自分の基準を相手に押しつけない限り、変態の基準なるものは絶対に明らかにすることはできない。

それでもなぜ、日本人は変態が多いと言われているのか。

答えはいたってシンプルかつわかりやすいものである。

まず、韓国人は、日本人・日本の性産業や性文化に関心が高いということ。関心が高いがために、妙に日本人のやることなすことが強調されがちなのである。

日本人と欧米人が、韓国人にとって変態と思われる同じ行為をしたとしても、気づき、批判されるのは日本人だけである。

日本人のアクションひとつでも気掛かりで仕方なく、また、より多く見聞きするものであるのだ。

そしてもう一つ。日本人が変態であると言ったり思ったりしている人は、単に無知なだけなのだ。よく言えば純情、といったところだろうか。韓国には「純情Ｂｏｙ」がいっぱい。

だが、悪く言えば、自分が無知ゆえに批判するしかできない愚か者である。

自分が初めて見聞きする知らない行為をするというだけで、変態かどうかを判断し、批判するというのはかなり無鉄砲なことである。

つまり、知らないからという理由だけで、変態だと断言するのは無謀な言《い》い種《ぐさ》でしかないのである。純情Ｂｏｙ。

自分にとって未知の世界の行為を非常識の変態だと捉えることにより、自らの性に対する遅れを肯定していることになる。

韓国という国が、性産業や性文化だけでなく、あらゆる面において遅れているというだけのことなのだ。日本のように、性産業や性文化の進んでいる国は、やはり他の面においても進んでいる。進んでいない国では、いまだにオーラル・セックスさえも変態行為だと思っている人がたくさんいる。

しかし、日本ではどうだろうか。誰がその行為を変態行為だと位置付けているのだろうか。その差が変態と言われる所以《ゆえん》を物語っているのである。

進んでいない国では、当然セックスに関する知識や情報、テクニックも乏しい。だからこそ、自分たちの知らない行為が存在するというだけで、その行為をしているからというだけで、日本人を変態であると決めつけてしまうおかしな公式があったりする。

すべては無知からくる、まったく不可思議な拒絶反応なのである。

日本人が変態であるなら、アメリカ人だって変態である。だが、韓国人の関心の高さから言うと、日本人が圧倒的なので、だからこそ日本人のみが変態扱いされてしまう。

変態王国の代表は日本だけではないはずだ。アメリカ人にも日本人並みの関心を向ければ、きっと同じことを口にするだろう。

変態だと日本やアメリカを批判するのなら、その前にその変態王国の変態たちが、共に世界を引っ張っている二大大国の人たちであるということを忘れてはならないのである。

世界は変態たちがリードしているのか。進んでいない国は、変態王国に追いつけ追い越せと目標にしてがんばっているのか。

リードしているということは紛れもない事実である。しかし、変態かというとそうではないだろう。そして、自分たちも、なにも変態ばかりいる変態王国を目指しているということではないだろう。

変態の基準など存在しない。無知ゆえに自分たちの未知の行為をする人間を変態だと断言してしまっているだけなのだ。その認識力の低さ。哀れだと思うとともに、何とも情けない思いがじわじわと湧き上がってくる。

変態王国、そして変態と言われること。

それは、そう言われる国や人が、批判している国や人たちよりも進んでいるということを証明しているのである。つまり、変態と批判されることは、その道の最先端を進んでいるというだけのことなのだ。もちろん最先端なのは、なにも性に関することだけではないのである。

今はまだ日本人のすることを変態行為だと批判しているような韓国人たちも、豊かになればなるほど、それを変態だと思わなくなる時が来るのかもしれない。

だが、日本人に追いつくには、まだまだ相当の時間と努力が必要であり、またその道は険しいものだろう。仮に追いついたとしても、日本人は、またもっと先の新たな性行為を見つけていることであろう。

次なる段階には、どんな行為が待ち受けているのだろうか。

そして、その行為を初めて知る人は、日本人は変態行為をする変態だとまたしても言ってくることだろう。

危ない！

日本では〝普通の行為〟でも、韓国人にとっては〝変態行為〟だと捉えられてしまう行為があることを、その行為をする前に思い出さなくてはならない。

理由⑰

やろうよ、やろうよ、ねー、ねー、やろうよ！

それを決して「男らしさ溢れる強引さ」などと好意的に解釈しない方が賢明だろう。

男らしさ溢れる強引さなど、韓国男性は持ち合わせていないのである。

男らしい強引さではなく、単なる「しつこい」だけの話であるのだ。

日本女性はお得意の「いい見方」で、韓国の男を「もうっ、強引な人ね。でも男っぽくて素敵！」などと、思わず大きな判断ミスをくだしてしまいがちである。

駄目だ、駄目だ、それでは駄目だ。

いい意味での強引さと、ウザいほどにしつこいのとでは、空と土ほどの差があるのだ。

いや、もっとだろう。天と地下三階ほどの差はあるかもしれない。

韓国男性にしつこくされる前に、そのことをよくわかっておいて損はないだろう。

●●●

韓国男性は、自分の決めたことを実行に移すべく、それはもうしつこくしまくる。当人たちはそれがしつこいなどとはまったく思っていないが、第三者（韓国人以外）から見ると、引き際を知らない愚かな〝しつこい奴〟でしかない。

女性をデートに誘う際だって、ベッドに誘う際だって、女性だけでなく友人を酒に誘う際だって……どんな時だって、しつこいのだ。

相手の気持ちを考える余裕もなく、ただ自分の欲求のみを押しつけまくる。これが韓国男性の「男らしさ溢れる強引さ」の正体である。

相手が迷惑そうな表情を浮かべたって、困った素振りを見せたって、そんなことは知ったことではないのである。自分のしたいことをしつこく相手に押しつけまくるのだ。

その〝押し〟に相手が押し切られたら成功。駄目だった場合は、それこそ〝男らしく〟すんなり諦めればいいものを、そう簡単には引き下がらず、自然と文句を並べ立てて相手にずけずけと言ってみたりする。しかもこれまたしつこく、である。

しつこくウザい奴。

韓国男性の男っぽさ溢れる強引な〝お誘い〟をきっぱりと断ることができず、なんだかずるずると相手のペースに飲まれてしまった日本の女性は、絶対に一人や二人ではないはずである。

そのまま付き合ったり、あるいは結婚までした女性もなかにはいるだろう。そんな彼女たちの幸せを願おう。もしかすると、韓国男性のしつこさ、おっと、男っぽい強引さがお気に入りの女性もいるのかもしれない。人それぞれ、趣味は違うものである。

韓国男性のしつこさは、(韓国)男としての基本のようなものである。とにかくしつこくすれば何でも叶うと思っているのである。幼稚。自分さえよければ、どんなにしつこくしたって何とも思わないのだ。

危ない!

韓国男性に誘われたら、その通りにするか、あるいは「日本人」であることを捨て、きっぱり、はっきり、さっぱり、しっかり断ってしまわなければならない。

理由⑱

大嫌い！F××king Jap！

韓国人は、物心がついた時から自動的に、日本、日本人を嫌うことになっている。嫌わなければ、韓国社会の中心から自ら外《はず》れていくと宣言したようなものである。韓国では、幼少の頃からの教育により、自分で判断するより前に、まず「日本、日本人を嫌う」ように仕向けられる。自分であれこれ悩んで判断する必要性なんてないのである。

教育がすでにその「結果」を教えてくれているので、素直にその通りに従えばいいだけのことである。そう、日本と日本人を徹底的に嫌えばいいのだ。

●●●

韓国では、これでもか、これでもかと変形、正確に言うならば歪曲した歴史認識をまだ小さな子供にまで教え込んでいる。今でも、である。今までも、そしてこれからも同じことをきっと繰り返すのである。

教える者が、その間違った認識を「正しいもの」だと信じきっているだけに、当然教わる者も疑うなんてことはしない。

あまりにも長い時間をかけて、その歪曲された認識を埋め込むものだから、年を重ねても違う道に逸れることはまずない。そのまま日本、日本人を嫌い続けるのだ。

事実とは大きく異なり、自分たちの都合のいいように歪曲した歴史、そしてその認識。日本に対しての永遠の憎しみや妬《ねた》み。

日本人に対しての誤解や偏見。

韓国人にとって、日本、日本人とは憎むべき「敵」であり、「悪」の存在以外の何ものでもない。そのイメージは、地下深くまでぎゅうぎゅうに固まっていて、とてもじゃないが掘り起こして土を柔らかくすることなんてできそうにない。

韓国男性と付き合うことになったり、あるいは結婚することになった日本の女性がいるとしよう。

嫌いなはずの日本人でも、その韓国男性は誠意をもって好いてくれているかもしれない。心の奥底に若干の戸惑いはあるものの、自分が好きになった女性まで「日本人だから」というたった一つの理由のみで〝バイバイ〟することはないのだ。なかには、そういう人もいることはいるのだが。

韓国男性が日本の女性を好いて、二人が変な誤解や偏見、中傷に惑わされることなく互いに理解し、幸せになれるなら、それはそれで「ハッピー」だ。

だが、付き合うだけならまだしも、結婚……となると話は違ってくる。たとえ当人たちがハッピーでも、周りのギャラリーはまったくハッピー〝ではない〟ことをよく肝に銘じておかなければならない。

二人だけで仙人が住むような山奥でひっそりと暮らすのならいいかもしれないが、韓国で、韓国男性の家族と暮らし、あるいは接したり、韓国人の友人を作り、韓国で子供を産み育てることになるとしたら……日本、日本人は嫌われて当然という社会全体を包んでいる視線を前もってしっかり覚悟しておくべきだろう。


危ない！

韓国人のその多くが、日本や日本人を「嫌いな対象」として見ていることをよく理解しなければならない。

理由⑲

追いつけ！ 追い越せ！ 叩き潰せ！

韓国では誰一人として、それを「劣等感」とは言わないが、日本人からすると、誰がどう見ても「劣等感」でしかない感情を韓国人たちは持っている。しかも、かなり多く、である。

自分たちの劣等感を認める人はどこを探してもいないだろう。韓国人も例に漏れることなく、絶対に認めないし、この先も少しもそのように思うことはない。

だが、残念ながら冷静な目で見てしまうと、韓国人は日本人に対して、非常に多くの劣等感を抱いている。

ありとあらゆるすべてにおいて、劣等感を感じずにはいられないのである。

●●●

大きなことはもちろん、どんなに小さなことに関してだって、日本人を常に意識しているのが韓国人である。

意識するだけに止めておけばまだかわいいのかもしれない。しかし、日本人に対して劣等感を強く持つ韓国人たちは、第一に「日本（日本人）と比較する」ことを趣味としている。

政治、経済、社会、文化、スポーツ、人間……そのすべてを比較するのだ。日本にほんのわずかでも何か勝ったなら、それこそ皆で手に手を取り合い大歓声である。

逆に、日本に大きく差をつけられたのなら、悔しい思いを胸に秘め、黙って見過ごす。日本人からまったく見向きもされていなくても、自分たちだけは目をギラギラさせて日本人に対抗意識を燃やしまくる。相手が無関心だって関係ないのである。自分たちが熱くなれば、周りなど何も見えないのが韓国人なのだ。

韓国国内でも、海外でも、個人に対しても、国全体に対しても、韓国人は日本人に（勝手に）勝負を挑んでいる。それが劣等感の証しだということにまったく気づかずに、である。

日本で韓国の俳優が人気を博しているとのニュースが大々的に報じられると、韓国人は、それはもう大騒ぎをした。

「日本の女どもは、日本人よりも韓国の男の方がいいのだ！」と、騒ぎ立てたのである。

そして、日本に進出した自国の俳優に熱い熱いエールを送るのである。「日本の男よりも韓国人の方がよりカッコイイことを存分にアピールしてこい！　そして、日本のすべてを吸いつくしてこい！」と。

人気、お金、感性……韓国人は、日本人に「勝ちたい」のだ。些細なことでも、そうではないことでも、日本人にほんの少しでも勝ちさえすれば、最高に幸せを感じることができるのである。

劣等感の塊《かたまり》と化している韓国人と日本人が生活を共にするのはきついだろう。

テレビで、新聞で、インターネットで、日本人の動向を常に気にして、喜んだり、怒ったりするのが韓国人なのだ。

時には、日本人女性と寝ることになった韓国男性は、日本人男性と自分とのセックスは、どちらがより上手なのか真剣に聞いてくるかもしれない。韓国人は、日本人がらみとなると、そんなことまでも勝敗を決めたがるものなのである。

危ない！

自分の意見があろうとも、日本人に対して強い劣等感を持っている韓国人にまともに「すべて」を打ち明けてはならない。

理由⑳

いつかは必ず復讐してやる！

韓国人にとって、日本人の不幸は不幸ではない。むしろ「幸せ」となる。

この意識は非常に危険なものだが、韓国人はその最も危険な感情を「危険」と感じることはない。むしろ、韓国人であるのなら、いたって正常な感情だと思っている。

日本人がどんな不幸に見舞われようとも、韓国人からすると、それらは天罰に近い「報いを受けて当然の出来事」でしかないのである。

しかも、不幸を不幸と感じないだけでなく、それらを平気で喜んだりもしてしまう。

あまりにも恐ろしすぎる感情である。

●●●

なぜ韓国人は、日本人の不幸を喜べるのだろうか。

それは、やはり大きく間違えて信じ込んでいる歴史認識に起因する。国が間違ったことを「正しいこと」だと堂々と教え込むものだから、それを聞いて育った韓国人にとって日本人は、復讐しなければならない相手となっているのである。

韓国人が日本人のことを考える時、すぐに思い浮かぶ感情は、「今は無理でも、いつかは復讐してやる」なのである。

だからこそ、自分たちが直接復讐しなくても、日本人が何らかの被害を被ると、「よし、してやったり！」と思って、思わず口元が緩んでしまうのである。

何十人もの日本人が北朝鮮に拉致された事件。

それも韓国人にとっては、「過去、日本人だってさんざん酷《ひど》いことをしたのだから、何をされてもしょうがない」で簡単に終わらせようとしてしまう。

二つに分かれている国と国だとしても、同じ韓民族（朝鮮民族）に変わりはない。日本人に不幸が訪れたこういう時だけ、韓国人は北朝鮮人の肩をがっちりと持つ。重大な犯罪なのにもかかわらず、「小さな復讐の一つ。たかだか何十人かの日本人が拉致されたくらいで騒ぎすぎだ」と、逆ギレするのだ。

証拠も何もない、まったくでたらめに作り上げられた昔の出来事を真実だと思い込み、そして開き直るのが韓国人なのだ。少しでもおかしいなどと考えるデンジャン（味噌）

は頭の中にほんの少しもないのである。

日本人は、何をされてもいいのだと常日頃から思っている。日本人は過去に悪いことをたくさんした、だからこそ次は我々がその仕返しをしてやるのだ。その感情が韓国人の頭の中で渦巻いているのである。

日本人に不幸が訪れれば、「天罰だ！」と言って笑い、そして日本人に対しての犯罪に喜び、日本人を騙そうが、恐がらせようが、何らかの悪さをしてやろうが……何とも思わないのである。

日本人は復讐されて当然の人々だと思われているのである。この意識はこの先も変わることはない。


危ない！

韓国人は日本人に対して何の罪の意識も持たない。日本人に対しては何をしでかしてもすべて免罪符だと思っているのだ。そのことをよく知ったうえで韓国人と接しなければならない。

理由㉑

すべてはお前のせいだ！

絶対に認めないのだ。

明らかに自分のミスだとしても、絶対にその事実を認めようとしない。それが韓国人なのである。

自分のミスを認識したうえで意地で認めないのならまだしも、韓国人の場合、そもそもそのミスが自分に原因があるなどとは少しも考えないのである。

本能的に、「自分は悪くない」という思いを全身に素早く伝達するのである。そして、自分に都合の悪いその多くのことを、簡単に自分以外の人や物のせいにするのである。

● ● ●

韓国人の思考の中には、「絶対に自分のせいではない」という妙な自信がある。

自ら認めることをしないばかりか、まず何より先に人のせいにするのである。ここでもまた、韓国人の自己中心的なむちゃくちゃな一面を垣間見ることができる。

自分にとって何か困ることが起きたなら、すぐさま自分の責任を回避して、その直後にはその責任を人に押しつける。これが韓国人の身に降りかかった〝ミス〟への対処法の基本パターンである。

自分に能力がなく昇進を見送られたのなら、自分の素晴らしい能力をわからない会社のせいだと考える。

韓国がいまだに日本より発展できないのは、日帝時代に日本にさんざんおいしいところを吸い尽くされたせいだと怒る。

日本がおいしいところを吸い取った、か……。そもそも朝鮮半島に「おいしいもの」があったかどうかという大事なことは何も考えないのである。韓国の現状は、自分たちのせいではなく、日本のせいなのだと本気で思っているのだ。恐い。

その昔韓国でかなり人気のあったアイドル歌手と一緒に酒を飲んだ時にも、やはり彼も「人のせい」にしていた。その一年ほど前に最新アルバムを出した彼は、そのアルバムが売れない理由を「韓国の音楽シーンでは、まだ十年早過ぎた」でまとめてしまった。自分の音楽性のミスではない、悪いのはその良さをわからない視聴者のせいなのだ。

何でもかんでも、絶対に自分が悪いのではなく、周りが悪いのである。韓国人は常にそのように考えている。

本当は自分のミスではないけれど、代わりに自分がミスを被《かぶ》ってやろう、などという男っぷりのある男ははたして韓国に存在するのだろうか。

それよりも、どうやって自分の責任をうまくごまかせるかを考えるのが先なのである。いや、ごまかす必要はないのかもしれない。ごまかす前に、「もしかしたら俺のミスなのか？」という疑問の欠片《かけら》さえ頭の中に存在しないからである。

➡危ない！

韓国人は絶対に自分のミスを認めない。明らかに誰のせいなのかわかるミスでも、そのミスを本人に認めさせようなんてことをしてはならない。

理由㉒

大韓民国のプライド

その〝プライド〟をカッコイイと判断するか、それとも歪んでいると判断するか。人それぞれの受け止め方があることだろう。ちなみに、私の判断としては、後者により近いのではないかと思っている。

世界のどこの国の人々も、少しか多くかは抜きにしたとしても、自分たちの民族にプライドを持っているはずである。そこまでは当然のことであるし、決していけないことではない。

自分の民族にプライドを持たない人よりも、ある程度プライドを持っている人の方がいいようにも思える。

韓国人も、「韓国人」である自分に非常に強いプライドを持っている。

韓国人がプライドを持ってはならないという決まりはない。だが、韓国人の場合、そのプライドそのものが、行き着くべき方向を完全に見失っている。

●●●

韓国人は、民族としてのプライドが非常に高いがために、なぜか他国や他国の人々を馬鹿にしたりする。それは国家レベルでもそうだし、また、個人レベルにおいてもまったく同じことが言える。

それが〝韓国流〟のプライドなのである。かっこいいプライドとはほど遠い、随分とちんけなプライドだ。

馬鹿にする第一ターゲットは、主に日本、日本人である。韓国人は、日本人に対してより一段とそのプライドを見せつけたがる。すぐに「日本人のくせに」と無視したり、「だから日本人は」などと馬鹿にしたりするのがいい証拠である。そして、自分たちを持ち上げるのだ。

そのように日本、日本人をナメてしまう理由は簡単である。

長い期間中国の支配を受けた事実（韓国ではそのように思っていない）や、その後日本と併合したという事実（韓国では強制的に植民地化されたと思っている）は、韓国人にとっては認めるわけにはいかない歴史である。

正直言って、胸を張って誇れるような歴史を持たない韓国の人々は、それを隠すためにありとあらゆる歴史を歪曲して、自国民を洗脳してきた。「韓国の歴史はいつの時代にも輝かしいものであった。韓国人は優秀な民族で、大韓民国は非常に素晴らしい国家である」と。

その結果、他国や他国の人々を簡単にナメてしまうような〝プライド〟が国民の多くに形成されてしまったのである。

そのように教え込まれたら、誰だって思わずプライドを持ってしまうかもしれない。実際に韓国人の場合、プライドを持ってしまった、のである。

「現実」や「真実」はわからなくてもいいのである。ただ、自分たちはすごい！　自分の国は立派だ！　そのように強く思っていれば幸せな気持ちでいられるのである。

とりわけ日本人をナメてしまうのも仕方ない。なぜなら、韓国人は、日本の敗戦による独立というよりも、〝先祖たちが懸命に独立を勝ち取った〟強い民族であるし、〝野蛮人だった日本人にあらゆる文化を教えてやった〟進んだ民族であったからである。

それが事実とは異なることだとは、誰もわからないし、知ろうともしない。かなり強固なプライドが、すべての事実に膜を張って見えなくさせてしまっているのだ。

➡危ない！

韓国人が無意識的に日本人をナメたり無視したりしてしまうのは、国が長年に渡って国民を洗脳してきた結果であると理解してあげなければならない。

理由㉓

日韓戦に命を懸ける

何としてでも勝ちたい、勝ちたい、勝ちたい。

対戦相手が日本人ならば、いいや、日本人だけには、何をどうしても勝ちたいし、勝たなくてはならない。それが自分たちに授けられた〝使命〟であるのだ。

日本人にだけは負けてはならない。日本人を負かして、勝利の雄叫《おたけ》びをあげよう。

韓国人であるならば、そうするためだったら何だってするのが当然のことなのだ。そうしなければ、そいつは「非国民」だ。

●●●

韓国人は、日本との「勝負」に全身全霊、そのすべてを懸ける。韓国人のその必死さがよく表れるのが、やはりスポーツの世界。日本vs韓国戦だ。

いろいろな競技があるが、その中でもとりわけ体と体がぶつかり合うラフプレーが避けられないスポーツでは、韓国人の悲しいまでの懸命さが手に取るように伝わってくることだろう。

　韓国人、必死にがんばっているのだ。がんばれ！　がんばれ！　皆さんもご一緒に応援してください。がんばれ！　がんばれ！　韓国、がんばれ！

　日本との試合となると、それが親善試合だろうが、小学生同士の試合だろうが、韓国人は絶対に任務を遂行しようとする。そう、勝ちにいくのだ。

　韓国人にとって、日本との親善試合などというものは存在しない。「親善」ではなく、「真剣」試合しかあり得ないのである。

　本来、親善試合には、その国民感情を入れるべきではないが、韓国人は醜いまでに「打倒！　日本！」の感情を入れまくる。そうなると、当然のごとく荒いプレーの連続となってしまう。サッカーの日韓親善試合などは一目瞭然である。

　韓国人は、試合を楽しみ、親善を深めるという目的なんてまったく気にかけず、とにかく「勝ち」にいく。勝つためだったら、汚いラフプレーの連続だってかまわないのである。最終目的は「日本に勝つ」、ただそれだけなのだ。

　対戦国が日本、対戦相手が日本人。これ以上に韓国人を熱くさせるものはない。

　選手として試合に出場するからには、勝利を大韓民国全国民に捧げたいのである。勝てば天国、負ければ地獄。

韓国人にはそういった思いが強いので、スポーツなのに、まるで喧嘩のごとく日本人に戦いを挑む。おぉ、恐い。

日本人が対戦相手だと、その凛々《りり》しい目までがますます鋭く、いや、ますます凛々しく上へ上へと突き上がってゆく。恐い、すさまじく恐い顔になっているのだ。もっとも、本人たちはその顔が険しすぎるなんてことは気にしないだろうし、気づかないだろうが……。

日本人選手がちょっとしたミスでチームメイトと試合中に少し笑い合ったりするのに対し、韓国人選手の場合は、たとえどんなに小さなミスでさえ、そのミスを犯した〝戦犯〟は、ひどく絶望的な表情を一瞬にして見せる。そういった一場面を見ただけでも、韓国選手の〝負けてはならぬ〟必死さが歴然である。

日本人が、韓国人と日韓戦を観戦することになったら、日本人というだけで「敵」と見なされる可能性が出てくる。


危ない!

韓国が日本に敗れた場合、たとえそれが親善試合であったとしても八つ当たりされるかもしれないことを考え、念のため防御の態勢をとっておかねばならない。

理由㉔

世界の中心で差別を叫ぶ

韓国人のお気に入りの言葉の一つに「差別」というものがある。

韓国人はこの「差別」という言葉がとてつもなく大好きである。「差別」という言葉がたまらなく〝愛しい〟と言ってもいいかもしれない。それくらい、すぐに口から出てくる、かわいい、かわいい言葉なのである。少し年の離れた、キュートな妹、といった感じだろうか。

昔も今も、そしてこれから先も、この言葉は韓国人とは切り離すことのできない言葉の一つであり続けることだろう。

差別、差別、差別、差別……ほら、今日も世界のどこかで韓国人が叫んでいる。「それは差別だ！」と。

●
●
●

韓国人は、事あるごとに「差別」を叫んでしまう能力を自然と持ち合わせているわけだが、それはすなわち、被害者的な意識が強くあるからゆえのことである。

常に被害者的意識が頭のあちこちにある韓国人は、ほんのちょっとしたことに対して、目にも留まらぬ早さですぐに反応してしまう。

そして叫ぶのである。「差別だ！」

韓国人は、冷静かつ論理的な考え方をするのが大変苦手な人種なのだが、そういったことがさらに輪をかけて〝差別だ！　発言〟を助長させてしまっている。

自分に何か問題点はなかったのか、自分が何かしでかしてしまってはいないか、あるいは国レベルで何か反省するべきことはないのか……そういったことは一切考えることなく、そのすべてを「差別」という毛布に包んで相手を悪者に仕立て上げてしまうのである。これ、韓国人の得意技。

ほんの少しでも冷静に物事を判断する能力が韓国人に備わっていれば、差別と叫ぶ前に己の反省点の一つでも発見できるはずなのだが、それは韓国人にはどうにもできそうにない。

そんな難しいことを考えるくらいなら、まず叫んでしまった方が楽だし、早いのだ。

だから叫ぶ。

「差別だ！」

韓国人が何かにつけて差別だと断定してしまうのは、韓国人側に原因がある。

劣等感を持つ人々は、差別にも値しないような悪気も何もないちょっとした一言にもすぐさま反応し、そしてか弱く傷ついてみたりする。悲しいかな、韓国人は劣等感をたんまりと持ち合わせている。

瞬時に「これは差別だ！」「我々は無視されているのだ！」といった具合に〝差別化〟させてしまうのを韓国人は好むのである。

日本の女性をデートに誘って断られてしまったら、「差別だ！」

日本で部屋が借りられなかったら、「差別だ！」

自分の意見と異なることを指摘されたら、そこでもまた「差別だ！」なのである。

何でもかんでも、差別大好き。

⬅危ない！

日本人が韓国人について何か発言した場合、すぐに「差別発言だ！」と叫ばれてしまうことがあるので、いかなる発言にも注意しなければならない。

理由㉕

口より拳が先

韓国男性と付き合うことになったり、結婚することになったりした日本の女性に、そしてすでに韓国男性と付き合ったり、結婚している日本の女性に……私から非常に重大なアドバイスを伝えようと思う。

恋人や夫と一緒にいる間、常にラブラブな日々が続くのならこのアドバイスは聞く必要はない。しかし、現実には、そういったカップルばかりではないはずだ。

時には互いの言動が気に食わないこともあるだろうし、またある時には喧嘩にだって発展してしまうこともあるだろう。

そんな時、私のアドバイスが非常に重要になってくる。頭の片隅にそっと仕舞い込んでもかまわないが、だが、もしもの時は忘れずに思い出してほしい。

●
●
●

もし、韓国男性と喧嘩が始まってしまった際には、口論しようなどとは絶対に考えないでほしい。

売り言葉に買い言葉じゃないが、相手の言葉に反応して、咄嗟に何か言い返したくなってしまう気持ちは十分にわかる。だが、〝絶対に〟言い返してはならない。

悔しいだろうが、言い返したい思いをぐっとこらえ、口まで出かかった言葉を外に吐き出す前に飲み込んでほしい。

韓国男性は、理性よりも感情で動く。喧嘩の際には、その症状はますますひどくなる一方である。頭に血がのぼったら最後、何か考えるより先に、何か言い出すより先に、暴力が飛び出してくる可能性が一気に高くなる。

韓国男性の場合、大人になっても理性的に感情を抑えることができず、沸騰した脳みそからの熱き指令により、暴力という最低の手段を取る。しかも、明らかに自分よりも弱い相手にだけ、だ。

韓国男性は、その激しい気性から、「抑える」ということができないのだ。最高潮にむかついた感情に対して、一呼吸おいて少しは理性を取り戻せばいいものを、そういったことはできないに等しい。

気持ちを落ち着かせるなんてことはできず、言葉で何か言うことさえも拒否し、手を出し、足を出すのである。

だから私は強くお願いしたい。韓国男性に暴力を振るわれたくなかったら、話し合いで解決しようなんて甘いことは考えないでほしい。感情先行型の韓国男性と落ち着いて話し合いをしようなどとは考えてはならないのである。

そして、暴力を振るわれる前に、逃げるか、自分が悪くなくても先に謝ってほしい。それが「もしもの時」の最善の方法なのである。

相手（韓国男性）をより一層むかつかせないこと。

むかつかせて暴力に走らせないこと。

この文章を繰り返し読み返してほしい。

韓国では、道端といった公衆の面前でも男が女に暴力を振るっている場面に出くわす。これが現状なのである。

一度爆発した感情は、本人にはもう止めることができないのだ。

危ない！

韓国男性と口論しようなどとは絶対に、絶対に、ほんの少しも考えてはならない。

理由㉖

自信家？ それとも夢想家？

韓国男性は、みーんな「自信家」である。

人並みに軽く自信がある程度の自信家ではない。すごく自信のある自信家なのだ。

韓国男性の「自信」は、山よりも高く、海よりも深い。そして、そのほとんどの韓国男性が、山に登ることなく、海に潜ることなく、大きな声で宣言した「自信」を言ったかどうかさえまったく覚えていない。

韓国男性が「自信表明」をしたら、それを軽く聞き流すくらいの気持ちでいた方がいいだろう。間違っても、しっかり聞き込んだり、思わず信じてしまったりしては駄目だ。後々ずっしりと後悔することになる。

●
●
●

日本人は、自分が判断する能力とあまりにもかけ離れたような自信を持たない。密《ひそ》かに持っていたとしても、それを人前で宣言してしまうほど軽々しい人たちでもないはずである。

しかし、韓国男性は、まったくもって根拠のない、大きな大きな自信を持っている。しかも、それをごく当たり前のごとく宣言する。

日本の女性は、そんなスケールの大きい自信家の韓国男性が格好いいと錯覚してしまうかもしれない。

自分の父親、兄弟、彼、元彼、周りにいる男性たち、みんな大きな夢は語らず、あくまでも実現できそうなことだけを話すものだから、それにすっかり慣れてしまっている日本の女性にとって、韓国男性の「自信」には、思わずクラクラっとなってしまうこともあるかもしれない。

だが、それを信じてしまったら最後、である。

韓国男性の宣言は、「有言〝不〟実行」でしかない。宣言した本人だって、宣言したことさえ忘れているくらいである。有言実行になるわけもなければ、もともと実行できそうなことを言っているわけでもないのである。

とにかく、人よりもより高く、深く、〝デカイこと〟を言った者勝ちだと思っているのが韓国男性である。たとえそれがその場しのぎであったとしても、身分不相応のでか

～いことを宣言してしまうのである。かなり空《むな》しい。

もっとも、本人は空しいなんてこれっぽっちも思っていない。むしろ、自信がある自分にうっとりしてしまうことだってあるくらいだ。

現在自分が置かれている状況がどんなに悪くたって、韓国男性は自信がある。宣言した夢が叶う可能性が限りなく低くたって、何も気にしない。宣言さえできれば、それですっかり満足してしまうのである。

どんなに現実離れしていたって、それを他人に感じ取られるのを非常に嫌がるのである。あるいは、感じ取られていたとしても、あくまでもしらばっくれて大きな夢を語り続ける。

結局駄目になるとわかっていても、ほんの一時でも「自信家」でいられるならば、その先のことなどは何にも、本当に「何にも」考えないのである。考えられないのだ。

危ない！

韓国男性の「自信」をまともに信じてしまったら、後々失望感を味わうことになりかねないと覚悟しておかなければならない。

理由㉗

無知な残酷性の恐ろしさ

非常にお腹が空いていても、一気に「食べる」という意欲を激減させてしまう。何も考えていない、少しも考えることさえできない韓国人の「無知」には、時としてそれほどの恐ろしさを感じてしまう。

私がそれを無知ゆえに残酷なのだと感じるようになったのは、日本での生活を終え、韓国に戻ってからのことであった。それまでは、特にこれといって何かを感じたり、考えたりすることなどなかったはずなのに、である。

●●●

「こうしろ！」という法則はない。何でも自由であっていいはずである。

しかし、ある程度は「こうすべきなのでは？」といった思いはどうしても捨て切れない。むろん、私が口出しすることではないのだが、それでも韓国人の無知な残酷性を世に知らしめているようで、そんな場面に出くわしてしまうと、いつも必然的にうんざりしてしまうことがある。

焼肉屋の看板。

経営者の趣味がもろに出る。

無知な残酷ありき。

店全体を覆い尽くしてしまいそうなほど巨大な看板には、カラー写真が使われていた。牛の親子の写真だ。母牛に子牛が二頭。緑いっぱいの明るい草原に放牧されている写真である。何の店なのか考えずにその写真だけ見たら、思わずほのぼのした気持ちになれるような写真だ。

焼肉屋が、親子牛が放牧されている写真を店の看板として使っているのである。あまりにもわかりやす過ぎる。これこそまさに無知な残酷。

おまけに、写真の上にはでかでかと文字が……「国内最高級の牛肉！」。一気に食欲が失せる。

親子牛の「ほのぼの写真」を店内に入る前に目に焼きつけて、それでもりもりと焼肉を食えというのだ。ぜんぜん笑えない。

それが韓国人の感性なのだ。わかりやすくていいなんて話ではないだろう。無知な人間のセンス、残念でならない。

牛だけではない。豚だって写真を使われている。

生写真はアイドルだけで十分ではないのか。焼肉屋の看板に、牛や豚の生写真を使う韓国人の神経、どうかしている。

どうかしてると言うよりも、〝その感覚〟を何も感じないのである。

日本では、焼肉屋の看板やロゴといえば、動物ならキャラクターちっくに描かれた絵であったり、あるいは店の名の文字である。同じように肉を食べる所だとしても、随分と差がある。

他にも「無知な残酷」はある。

韓国映画でこういったシーンがあった。

田舎の小学生たちが、山で写生会をしていた。モデルは子羊である。

紐で繋がれた子羊は、じっとしていることができなかった（当然である）。

そこで、一人の子供が子羊に近寄る——一瞬の間があり——次のシーンでは、その子羊は四方の木々に前足後足を繋がれていた。しかも、ただ四方の木々に足を繋ぐだけではなく、最大限に引っ張った状態で繋いだので、かわいそうなことにその小羊は完全にうつぶせになってしまったのであった。これで子羊は身動きが取れず、写生しやすくなるというわけである。まさに無知な残酷。

韓国人的には笑いの取れるシーンだっただろう。しかし、これまたぜんぜんおもしろくない。

アメリカで同時多発テロが起きた翌年の九月十一日、韓国ではテロ映画が放映された。ハイジャック事件が起これば、ハイジャックが題材の映画を放映する。どこかの国が天災によって大規模な被害を受けたなら、似たような天災に関係する映画を放映する。

どこかの国で戦争が起これば、その国らしき国が絡んだ戦争ものの映画を放映する。そのすべてが無知な残酷である。

本来、絶対に避けるべき題材の映画を、ニュースなどで関心が集まっているから視聴率が取れるだろうという単純な理由だけで放映してしまうのである。

日本では考えられないことであるはずだ。たとえば、日本のどこかで地震が起きたら、その週末には地震映画をテレビ放映してしまうような感覚なのである。

危ない!

韓国人は、何が残酷であるのか、何に気を遣わなくてはならないのか、そういったことが無知ゆえに何もわからないことを知っておかねばならない。

理由㉘

理性より感情

韓国人と何かの話題を冷静に話し合おうと思ってはならない。それはかなり無理があることだからである。

難しい話題でも、軽い話題でも、韓国人は落ち着いて話をするのが苦手なのである。苦手、などというレベルではないかもしれない。「できない」に近いと言えるだろうか。すぐ興奮状態となってしまいがちなのである。

韓国人は、どんな時のどんな話題であれ、自分の感情を押し殺して理性的な言葉を発することが苦手である。感情のみが思わず先に立ち、一呼吸した後に冷静に何か言うなんてことは至難の業《わざ》であるのだ。

●●●

韓国人ほど討論に適さない人間はいないのではないだろうか。よく言えば「熱い人」なのだが、実際のところ非・理性的な、単なる感情重視型の人間に過ぎない。

そんなわけで、韓国人とは討論はおろか、冷静に何かを話し合うことさえ難しい。これは、男女関係においてもまったく同じことが言える。

日本人と韓国人、二人で何か話し合うことになった、あるいは喧嘩になったとしよう。日本人が、少しでも落ち着いて理性的に話し合いをしようとしているのに対し、韓国人の方はそれはもう殺気立って仕方がない。

理性的な話し合いなんてほんの五分間だってできるはずもなく、韓国人はすぐにでも激しい口論へと持ち込もうとするのである。この場合の「口論」だって、口論というよりも、もっぱら一方的に韓国人が話す（怒鳴る？）だけとなりかねない。

「口論、どーんとこい！」。韓国人はいつだって熱いやる気を持っているのである。まったく不必要な、理性的とはほど遠い〝困ったやる気〟でしかないのだが。

何か言葉を発するより先に、一度思い切り空気を吸い込んだ後、少しでも頭の中で何か考えられればいいのだが、どうにもこうにもそれは難しい。韓国人は、いつだって熱い人のままでいたいのだ。

討論だけでなく、日常生活のありとあらゆる場面で、理性よりも感情が先に立っている。それが韓国人である。

車両同士で事故に遭った時も互いに興奮して言い争う、なんて場面を韓国ではよく見掛ける。どちらか一方が、そんな大変な時だからこそ理性的に「怪我はありませんか？警察を呼びましょう」と落ち着ければいいのだが、互いが韓国人である以上、両者とも負けず劣らず、感情が先立ってしまい、まず先に揉めてしまうのである。

すべてにおいて理性よりも感情が優先されてしまうのである。

韓国人に「少しは落ち着け」と言ったところで、理性的になるような性格の持ち主は韓国にはほとんどいないように思える。

冷静に「落ち着け」なんてことを言おうものなら、ますます感情的に熱く喧嘩を仕掛けてくることだろう。

危ない！

韓国人と理性的な討論をしようなどといった淡い期待をしてはならない。

理由㉙

生まれもってのネガティヴ体質

何がそんなに憎くて、そこまで否定的に物事を捉えるのか。少しはいい方に物事を解釈してもいいのではなかろうか。

それなのにもかかわらず、何でもかんでも、まずは否定するのだ。それが韓国人である。

●●●

日本人は、あらゆる物事に対し、肯定的に捉える傾向が強い。

それに対して韓国人は、最初から肯定的な見方というものがまったくできない。最初から否定的な見方を最優先するのである。

よって、口から出る言葉も当然批判じみたものばかりである。何事も悲観的に捉えるということが、悲しいかな、体の奥底に根づいてしまっているのである。

痩せている人に会った時に日本人は、細くて羨ましいなどといったふうに言う。それに対して韓国人は、いいものを食べていないせいで痩せているようで貧乏臭いと言う。

初めて口にする異国の料理に出合ったとしよう。日本人はまず食べる前に「おいしそう」と言い、そしてたとえ口に合わなかったとしても、まずいとは決して言わず、材料について健康によさそうだとか言ってみる。せいぜい言ったとしても、独特な味だとかおもしろい味だとか言う程度で、直接的な表現は一切しない。しかし韓国人は、表情でもろに表現したうえで、まずいと直接言う。

アジアの汚い小道を歩くとしよう。日本人なら、アジアの雰囲気に溢れていて何だか力強さや活気を感じるなどと言う。韓国人は、まだ韓国のど田舎の小道の方がましだとか、こんな汚すぎる小道を歩くのはついてない、とまで言う。

道端に小さな草花がひっそりと咲いていると、日本人は、初めて見るかわいい花だとか言って、写真まで撮ってみたりする。韓国人は、そもそも花に目がいかないだろうが、偶然目にしたとしても何も思わないか、思っても「ただの雑草か」くらいにしか感じない。

観光地で、みすぼらしいがそれでも伝統建築の建物を見れば、日本人なら、その国独特の建築文化をそこから感じ取ることができる。韓国人は、ただ汚い建物だとしか見られない。

いくつか例を挙げてみたのだが、ありとあらゆる場面で、韓国人は多くのことを否定的に捉えるのだとわかってもらえたはずである。


韓国人は、相手に対しての気遣いを一切考えず、そして物事を少しでもいい方に見るということができない。だからこそ、日本人からすると、思わず耳を塞ぎたくなってしまうような失礼なことでも何とも思わず言ってしまうのである。

日本人が物事を肯定的に捉えることに関して、日本人独特の建前に過ぎないと批判する韓国人がいるかもしれない。いや、確実にいることだろう。

しかし、そんないい一面をこれまた批判してしまった時点で、すでに否定的に見てしまったということだ。


危ない！

韓国人は、肯定的に捉えるべきことでも瞬時に否定的に捉えてしまう。韓国人と接する人は、否定的見方をされてしまうかもしれないことをあらかじめ知っておかなければならない。

理由㉚

儒教の国の礼儀

「韓国は儒教の国だから礼儀正しい人が多い」

日本では、韓国人は礼儀正しい人々であると思っている人が多いようだが、それはどうやら違うと言える。

韓国人自身も、自分たちは礼儀を重んじる人間であると信じきっているが、それもまた違うと言えるだろう。

韓国人の「礼儀」とは、はたしてそれが「礼儀」と呼べるものかどうか、少し考え込まなくてはならないようなものなのである。

●●●

確かに韓国人は礼儀のある人種なのかもしれない。しかし、それは、相手次第でころころと変わってしまう礼儀であることを忘れてはならないのである。

韓国人が、その「礼儀」を発揮する相手は、身内もしくは身内と認定された人物に限るのである。

身内にはとことん礼儀を尽くし、他人には礼儀もくそもあったもんじゃない、どうでもいいのである。これが韓国人の言う「礼儀」なのである。

そんな中途半端な礼儀だったらない方がいい。韓国人の持つ「礼儀」は、一般常識さえ持ち合わせてさえいれば、全くもって不必要な礼儀でしかないように思える。

両親、祖父母、年上の兄弟や親戚には、最大限の礼儀を払うのが韓国人である。「親しき仲にも礼儀あり」どころのレベルではない、それ以上の礼儀を払う。そして、身内でないとしても、自分が身内と判断した相手、そしてその相手が年上の場合には、これまた額を地面にこすりつけても惜しくないほどの礼儀を払う。

イメージ的には、数十年前の〝ヤクザな世界〟を想像してもらえるとわかりやすくていいような気がする。相手に対して、「ひたすらペコペコしまくり」の営業マンとなるのである。はたしてそれが礼儀と言えるのかどうか……。

もちろん自分だけが身内や年上に礼儀を払うのではない。自分が年上となった場合には、相手にも自分に対しての礼儀を強制させる。

自分も年上の相手にはそうするのだから、年下のお前も俺に礼儀を払え、払いまくれ、ということなのである。

そういった韓国人と仲良くしなくてはならなくなったらきつい。ただ年齢が一歳でも上というだけで、あなたはその韓国人の〝ヤクザな下っ端〟にならなくてはいけないからである。当然のように、それを求められてしまうのだ。

少々矛盾してしまうが、身内や、他人であったとしても身内と認定された相手に礼儀を払うのはこの際よしとしよう。それが韓国人流の礼儀であるならば、私が疑問に思ったとしても納得しなくてはいけないことだと思うからである。

私が問題視したいのは、韓国人はたとえその相手が年上であったとしても、「他人」には礼儀の「れ」の字さえ知らないような素振りをしてしまうことがあることである。

ついさっきまで、自分が（血縁関係こそないものの）「ヒョンニム（お兄さん）」と呼ぶ人に対しては、懐で靴を暖めてしまいそうな勢いだった人間が、年上であったとしても、その人が他人であり、そして少しでも自分の気に食わない行動をしたら、むちゃくちゃ「無礼」な人間へと成り下がる。「身内」ではなく、「他人」なので、礼儀を払わなくてもよしということか。

自分の感情の赴くままに、汚い言葉を相手に投げつけ、時には本当に殴りかかってしまうことだってあるのだ。

本物の礼儀というものは、身内に対しては当然のこと、他人に対してもその威力を発揮しなくてはならないだろう。
それに加え、韓国人は年下の相手に礼儀を払うことに拒否感を感じることがあるが、それもまたおかしな話である。本物の礼儀とは、年齢に関係なく払うべきものではないだろうか。

危ない！

韓国人に「身内」と認定されれば、その深い、深い礼儀を知ることができるが、「他人」となってしまった場合、そして相手の気に触ることをしでかしてしまった場合、礼儀の断片さえも拝むことはできないとわかっておかなければならない。

理由31

風俗看板騒ぎから見えてきた反日韓国人の民度

日本人からすると「そんなむちゃくちゃな！」と思えるようなことを何食わぬ顔で平気でやってのけてしまう韓国人。

あまりにもむちゃくちゃ過ぎて、思わず笑ってしまうかもしれない。それが韓国人の〝民度〟なのだ。

●●●

数年前になるが、韓国で話題を集めたネタがあった。反日感情を高ぶらせたネタとも言える。

東京は新宿にある風俗店の看板に、韓国の人気女性歌手数人の写真が使われたという事実がどこからともなく入ってきたのである。

駐在員が見つけたのか、はたまた留学生が見つけたのかはわからないが、その事実は新聞、テレビなどのマスコミを通してあっという間に韓国全土に知れ渡った。

韓国人は〝同胞〟である若手人気歌手の写真が日本の風俗店の看板に使用されたとして、それはもう怒り狂い、それが当たり前の流れのごとく反日感情を高めた。韓国人は、本当に「反日感情」が好きだ。

マスコミも自分たちが火をつけた以上、そういった世論を無視するわけにもいかず、日本へ取材陣を送り込んだのであった。

番組は、噂の風俗店の女社長に取材をするといった、そこそこ大掛かりであり、怒り心頭の国民の関心を集めるものであった。

韓国国内で何気なくその番組を見ていた人々は気づかなかったかもしれないが、その風俗店の女社長、ありゃ日本人ではない。「日本人のふりをした」韓国人であったのだ。

確かにインタビューは日本語で受け答えをしていたが、だが日本人の話す日本語ではなかった。日本語がわからず、字幕で女社長の弁明を聞いていた人々には、日本語を話すというだけで、確実に日本人と断定するしかなかっただろう。

風俗店の女社長が、日本人のふりをした韓国人であったとしても、それはさほど重要ではない。重要なのは、韓国人の「民度」の問題であった。

韓国人は〝日本人経営者〟の〝風俗店〟で〝韓国人歌手〟の写真が無断で使用された

ことにえらく腹を立てた。立てまくった。だが、自分たちはどうなのだろうか。むちゃくちゃ過ぎる……。

韓国の風俗店、テレクラ、コールガールなど、そういった類の店――それらのチラシや名刺サイズの広告、看板には、いるわ、いるわ、わんさかいる、日本人の女優からグラビアアイドル、歌手にモデルまで……お客さん、いい子が揃っていますよ、とでも言わんばかりの勢いで日本女性が顔を並べているのである。もちろん、無断使用であり、違法だ。

韓国人の図々しさも、ここまできたら「お見事！」と盛大な拍手を送ってほしいくらいである。スタンディング・オベーションをしてもらってもまだ足りないくらいかもしれない。

自分たちの落ち度にはまったく気づかず、気づいたとしても何事もなく知らん顔をし、日本人の（日本人のふりをした韓国人の、と言った方が正確だろうか）、たった一つの落ち度には、それはもう徹底的に怒りをぶつけるのだ。これが韓国人の民度である。

この事件で改めてよくわかったことがある。それは、日本と韓国、そのどちらの国の歴史認識が誤っているのか、といったことや、竹島（韓国では「独島」という）はどちらの領土なのか、などといったことの〝事実〟がよくわかってきたのであった。

韓国人のその無理がありすぎるむちゃくちゃぶりを垣間見てしまった今、韓国人のやることなすこと、そのすべてが薄っぺらい嘘っぱちに感じてくる。
こんなむちゃくちゃなことをあたかも正当化する韓国人の民度から判断すると、どちらの主張がより正しいものであるかは一目瞭然である。

危ない！

韓国人は、自分たちのミスには「見ざる・言わざる・聞かざる」を通し、日本人の小さなミスは、絶対に許してはくれないことをわかっておかねばならない。

理由㉜

たまには人の話も聞け、韓国人

何かの話をしている時、相手がどのように感じているのか、そんな簡単なことさえわからないのである。

自分さえよければ相手のことなど考える余裕なんて、これっぽっちもないのである。

相手がいなくてはそれを実行することはできないのに、その相手の気持ちを一切無視してしまうのが韓国人である。

●●●

韓国人は、一度話しだすと、とことん話し続けてしまう。

興奮にも近いその感覚が襲ってくると、一方的に自分だけ話をしてしまうのである。

まさに自分のためだけに用意された「舞台」に立ったかのように……。

〝観客〟が友人でも、夫や妻でも、会話のキャッチボールをすることが下手なのである。自分だけが話の〝魔球〟を連続して投げてしまうのである。

自分だけが快感を感じる。そして、相手には小さな、時には大きな苦痛を与える。

会話のキャッチボールはセンスである。韓国人には、そのセンスというものがどうやら欠けているようだ。自分だけ楽しければ、相手がつらそうにしていても、そんな姿さえ目の片隅にも入ってこない。

韓国人の大演説に〝はまり込んで〟しまう日本人は多い。

韓国人と日本人が同じ場に居合わせると、韓国人は頼まれてもいないのに話し役となり、日本人は立候補してもいないのに聞き役となってしまうのが〝通常の状態〟である。日本人は、夢中になって話し込む相手の気持ちを考えて、演説を途中で切り上げさせるような真似はしない。苦しくても、つらくても、眠ってしまいたくても、とりあえず相槌を打ってあげるのである。何とも優しいではないか。

しかし、そういった態度を取る日本人だからこそターゲットにされる。韓国人の独り舞台の快楽にとことん付き合わされることになるのである。

日本人相手だと、ただでさえ絶〝口〟調の話しっぷりがさらにヒートアップする。その理由は、韓国人は日本人に話したくてしょうがないことが、ありすぎるほどあるからなのである。

人気のお題は当然のことながら、日韓の歴史、そのことに関する日本の対応、そういったことに始まり、次第にわざわざお題にするまでもないことまで話は先へ先へと進んでいく……。

日本人の本音と建前について、日本人の性格について、日本人の性について、日本人の外見について……もう止まらない。

よく言って聞かせたい相手（日本人）が目の前に黙って座っているのだ。こんなラッキーなチャンスを無駄にするわけがないのである。酒を飲んでいなくたって、とことん話して聞かせなくてはならないのである。いわば、ある種の「義務」。

韓国人が相手には話をさせず、自分だけ話し続けてしまうという快楽は半永久的に続いてしまいそうな形相《ぎょうそう》である。ちなみに、話に夢中になっている韓国人の形相そのものもすごいこととなる。

危ない！

韓国人の一方的な話を聞き続けたくなかったら、思い切って話を打ち切るか、もしくは対抗して自分も話しださないと、何時間も聞き役となってしまうことを覚悟しなければならない。

理由33

なんでもかんでも「ばか正直」

よく言えば素直で純粋なのである。しかし、はたしてそれでいいのだろうか。ただ単に「ばか正直」なだけではなかろうか。

●●●

昨今では、日本の若者間でもそういう傾向があるようだ。「ぶっちゃけ言ってしまう」というあれである。その単語を実際に使うかどうかは定かではないが、本気トークや本音トークとも言うのかもしれない。

韓国人は、日本で「ぶっちゃけ」が流行《はや》る何年も、何十年も前から、常に「ぶっちゃけ」トークをする人々であった。

いつだって、誰を相手にしたって、どんなことについてだって、韓国人はぶっちゃけて言ってしまうのである。正確に言うと、ぶっちゃけトークしかできないのだ。はるか昔から、流行りの最先端を走ってきた韓国人なのか、それともやはりただのばか正直者なのか……。

韓国人に比べると、日本人の「ぶっちゃけ」はまだかわいいものである。ぶっちゃけて言う内容だって、韓国人のそれに比べたらはるかにかわいいものであり、許される範囲を決して越えてはいない。

しかし、韓国人のぶっちゃけトークは、完全に度を越している。あまりにも〝ぶっちゃけ〟過ぎるのが韓国人なのである。

何でもはっきりと物事を言うことは決して悪いことではないはずだ。現に、韓国人は、自分たちのその「ぶっちゃけ精神」を高く評価している。ぶっちゃけ精神のほとんどない日本人よりも、断然国際的である、と。Ｎｏと言える韓国人。

だが私は、そんな韓国人のぶっちゃけ精神に反対の意を唱えたい。

家族、友人知人、同僚、ビジネス関係……どんな時に誰を相手にしても、何でもかんでもぶっちゃけてしまうのはいただけない。少しは頭を使わなくてはならない、とまで言ってしまおうか。

最初の一回、二回は、広い心で許してもらえるかもしれない。しかし、それが何度も何度も続いてしまうと、ものすごく後味が悪くなってくるのである。だからこそ、私は韓国人に、「TPOを考えよう」と伝えたいのである。

ちなみに、韓国人は、悪いことや悪い面だけをぶっちゃけるわけではない。いいことだって、いい面だってぶっちゃける。その「中間」がまったく存在しないのが韓国人なのだ。

いい面ならまだしも、人として「これだけは言っちゃ駄目だろう」的なことも平気で言ってしまうのが韓国人のぶっちゃけ、である。それを聞かされる相手がどんな気持ちになるかなんて、まったくおかまいなしである。自分だけぶっちゃけてしまえば「すっきり」なのだ。

日本人には、韓国人のぶっちゃけはあまりにもパンチが強すぎる。初対面だとしても――いいことならぜんぜんかまわないのだが――涙が出そうなほどひどいことだってぶっちゃけられてしまうことがあるはずである。

危ない！

韓国人の「ぶっちゃけ」は、日本人のそれよりも何千倍も「ぶっちゃけてしまう」ということを理解しなければならない。それを事前に私がぶっちゃけておこう。

理由34

日本の女性がブスだと言い張る人たちへ

韓国人はしょっちゅう、「韓国女性はスリムで美人が多いのに、日本女性はデブでブスが多い」と言っては喜んでいる。実際、書籍や一般人の会話、マスコミ全般にもその説は確実に浸透している。日本の女性を語る時、必ず「日本人はブス、韓国人は美人」という説がお決まりのごとく出てくるのである。

私は、そういったことを聞くたびに、「なかなかおもしろいことを言うな」と思わず笑ってしまいそうになる。

●●●

つい最近も笑ったばかりである。

日韓の友好やら親善とやらを「売り」にしている団体は数多く存在するが、そういった団体のイベントに私は参加することがあったりする。

　年一回開催されるある集まりも、やはり日本人と韓国人の友好を目的としたものであった。

　そういった場に顔を出すのはなかなか楽しいものである。ある程度の人数の日本人と韓国人が集まる場では、行くたびに〝いろいろと〟おもしろい話が聞けたりすることがあるからである。

　その会の発起人は、日本人を夫に持つ韓国女性であった。彼女を中心に、同じように日本人配偶者を持つ人、元留学生、元駐在員など、日本と関わりのあった人、ある人、これからあるであろう人、韓国と関わりのある人々など、かなり幅広い系統の人間が集まる。

　イベントの構成は一部、二部に分かれていて、一部では日本と韓国の子供たちが中心となる。互いの国の歌を歌い合ったり、詩を朗読したり、演劇をしたり……などといった内容である。何とも和やかな雰囲気。だが〝おもしろく〟なるのは、場所を移動しての二部からである。けっこう大きめのホールに移動し、立食形式でいろいろ飲み食いする。それぞれがちょこちょこと動き、まさに「親善」となるべきいろいろな人と自由に会話するのである。

　私と共にそのイベントに参加した友人が知人を見つけて私の元を去っていき、私が一人寂しくしていると、年一回、唯一その集まりだけで顔を合わせる韓国女性が声を掛けてくれた。近況を話したりしているうちに、彼女の友人が十人ほどの集団となって近づいてきた。あっという間に、私はその輪の中に〝何となく入っている〟という形となってしまった。

日本人と交流するための場であったが、その時はなぜだか全員が韓国女性であった。他の誰も寄せつけないような仲間意識の強いグループ。

彼女たちの雑談に私は真剣に耳を傾けた。その年の〝日本・日本人についての雑談〟のテーマは、「日本女性の見た目」についてであった。何とも興味深いテーマだ。

男の私はもっぱら聞いているだけだったが、それはもうそれぞれ好き勝手に〝言いたい放題状態〟であった。こういったことが〝おもしろい〟のである。本当にそのように思っているのか疑問に思ってしまうようなことでも、彼女たちはいたって大真面目に話すのである。そして、韓国人だけのグループという安心感からか、皆が自由に言いたいことを言いまくるのだ。韓国語で早口で〝おしゃべり〟している女性陣を気にかける日本人は誰一人としていなかった。

雑談のテーマのサブタイトルに「日本人はやはりブス・デブである」と付いてしまいそうなほど、韓国女性たちは日本女性の外見を独自の判断でけなすことに熱中していた。

しかも、これが〝集団本能〟というものかどうか断言できないが、皆が皆、誰かが言ったことに対して揃って肯《うなず》いたり、また同じような話をし始めたりする者に対して一斉に意識を集中させたりしていた。

何を根拠に、そのように皆の意見が一致しているのか最後まで納得できなかったのだが、ただ確実にわかったことは、その場にいた全員が、〃少なくとも〃日本人よりは韓国人の方が圧倒的に美しいと断定しているということであった。

「日本の女はバストがやたらと大きい、デブな人が多い」と誰かが言えば、一同納得。

「日本では、綺麗な人を見ることは滅多にない」と言えば、一同納得。

「芸能人にはかわいい人もそこそこいるけど、一般人は本当にブスばかり」と言えば、これまた一同納得。

「綺麗な人がいないから、私たちの国にまで売春ツアーで日本の男が来ちゃうんだよ」と言えば、またまた妙に一同納得。

「日本の男たちは、絶対韓国の女性の方が美しいと言う」と言えば、一同すかさず納得。

「日本以外のアジアではいい女がいっぱいいるのに、日本は違う」と言えば、一様に納得。

「東アジアの中では日本人の外見が一番下だよね。そう思うでしょう?」と言えば、一同納得のうえで新たな議論が始まる。もっとも、後にも先にもすべて似通った意見しか出てこないのだが。

こういった雑談が延々と続くのである。皆、目を輝かせて日本女性の外見をこき下ろしたり、韓国女性の美を争うように主張していた。

はてさて、〝真実〟やいかに……。

韓国人の言う通り、本当に韓国人はスリムで美人が多いのか。そして、本当に日本人はデブでブスが多いのか。

私は、日本人と韓国人の外見など、比較すべき事柄ではないと思っている。しかし、韓国人はあまりにも「日本人・デブブス論」を叫ぶので、こうなったら私が客観的に見てその違いを言い表すことにしよう。

まず、日本人は別格であるということが、私なりに比較してみた際の率直な感想である。これは当然と言えば当然のことでもある。比較する前から、日本の女性と韓国の女性とでは、その本体を形成する初めから、相当の差があるものなのである。

外見の特徴は、血筋や、ファッション、美容センス、整形することに対する思惑や認識、美意識の差、個人の好みの問題などといった要素を考える前に、国そのものの貧富の差が大きく左右するものである。

つまり、豊かな国の人間と、そうではない国の人間とでは、どちらがいいとか悪いとか言う前に、答えは簡単に導き出されるものであるのだ。

豊かな国とそうではない国。日本は明らかに前者になる。アジアにおいてだけでなく、世界規模で日本を見たとしても、当然前者になる。よって、アジア規模で見た場合も明らかに日本は前者、その他アジアは、日本と比較した場合、明らかに後者ということになる。これは誰にでもすぐわかることであろう。

外見を作り上げる素、それは飲食なわけだが、その面でも日本は韓国よりもはるかに優位に立っているのは紛れもない事実である。

鮮度の高い肉や魚介類、新鮮な野菜の数々。日本は、世界各国の料理や調理法がすでに吸収されている国であるということなどなど。そういったことにより、日本人は日本食という豊富で栄養バランスのとれた食事、そしてそれにプラスしてあらゆる食を摂っている。

日本食だけ見ても、その質の高さは明白だ。

日本食は、新鮮さが重要である。刺し身、寿司、しゃぶしゃぶなど、食材が新鮮でなかったら料理自体が成り立たないものも多い。食する前に、何の食材を使っているのか一目見てわかるのが、日本食の特徴でもあるのである。

韓国の料理は、食材そのものを目で見せるというよりも、香辛料や調味料で色や鮮度をある程度あいまいにしたようなものが多い。つまり、食材の鮮度や見た目うんぬんを、香辛料、調味料などでさりげなくぼやかしているようでもあるのだ。

韓国では、鮮度の悪い食べ物の数々を誤魔化すために作られたのではないかと思われる、煮たり焼いたり揚げたり混ぜたりの料理、そして大量に使われる香辛料、調味料がセットになっているのである。これは日本食と対極である。そのどれをとっても日本と韓国とでは、飲食すべての質が違うのである。

そして日本では、前の晩や、あるいは相当前に作ったおかずが毎日食卓にあがることはそう多くはないはずである。もちろん、漬け物などは別の話である。あくまでもおかずのことだ。

韓国では、同じおかずが食卓に出され、また冷蔵庫へ戻され、再び食卓へ並ぶという繰り返しが基本である。決して漬け物類のことだけを言っているのではなく、メインのおかずがそうであったりもするのである。

その一点だけを見ても、日本人は断然いい食を摂っているということがわかる。しかも、経済的な豊かさにより、衛生的で多種で美味な食事を毎日食べることが可能である。

食事に加え、日本では水がきれいである。世界広しといえども、上下水道がしっかり区別され、また、水道の水が衛生的である国は日本以外にはそう多くはない。

韓国では、水はもちろん、その多くがまだまだ不衛生だらけなのが現状だ。本当に整備されているのかと疑問に思えるような上下水道。法律の甘さや国民性による飲食店、飲食の不衛生さ。こればかりは、今日明日で改めようとしても無理なことである。

日本人は、韓国人に比べ、絶対的にいい飲食状況の中で生活している。外見に差が出てくるのは当然のことなのだろう。

日本人は、栄養をしっかり吸収しているので、韓国人とは比べものにならないほど肉づきがいい。これは太っているということを言っているのではない。日本女性には、女性として出るべきところは出て、へこむべきところはへこんでいるという肉づきのよさがある。

日本人には、一見痩せているように見えても、女性としてのグラマラスな体型をしている人が多い。そんなグラマラスな体型の日本人を、韓国人は太っていると笑うわけだが、それは完全に〝女性らしいボディ〟を見るポイントがずれているだけのことなのだろう。

韓国女性は、バストとヒップのみが発達しているという人はまれである。バストやヒップが発達している女性は、他の部位も発達している人であったりするのだ。

韓国人は、ただ単に肉づきが薄く、平たい体が多いということなのである。韓国人がそういった女性か男性かさほど差がない体型をスリムだとかスレンダーだとか言うのだったら、それは強引にいい言葉を当てはめたに過ぎない。もしくは、成人している女性でも、少年のような体をしているのがスリムでいいとする感性なのだろう。だが実際は、独特の美的感覚、飲食の差がもたらした貧相な体つきでしかない。

豊かさの表れである体のボリュームがすべてを物語っている。これはどうにも隠しようがないことである。

日本人と韓国人も、その差なのである。摂れるべき最高の飲食をしていれば、自然と女性らしい体型にもなれるのである。

日本人のような飲食を日々していれば、出るところはしっかり出て、肌にもハリやきめ細かさ、瑞々《みずみず》しさも加わり、血行もいいことだろう。飲食の違いからなのかは微妙だが、日本人は胴長短足ではないようにも思える。

日本人のその外見は、豊かであるということが前提とされた、飲食の栄養のバランスがすぐれていることから出来上がったものだろう。日本の豊かさは、ここでもしっかり意思表示をしているのである。

大まかに体型について比べてみたが、単純に比較してみても、日本の女性と韓国女性とでは、似ても似つかないということがわかったことだと思う。

ちなみに韓国では、最近になってようやく、少しずつではあるが日本人的な体型がいいという感性が生まれつつある。ここにきてやっと、女性らしい体つきと、スリムという名に隠した少年のような体つきとのその差が見えてきたようである。

日本女性のバストにあれやこれだといちゃもんをつけていたのが遠い過去の話でもあったかのように、バストを実物よりも少しでも大きく見せようと、今韓国女性は努力しているのである。

しかし、豊かな国の人間の、豊かな食生活から育った立派なバストというものは、そう簡単には手に入るものでもないということも、また事実である。

それなので韓国人は、パットを詰め込んだりといろいろな裏技を使って、少しでもふくよかなバストに見えるようにと作戦を練っているのである。

その頑張りは、見ていてかわいそうなほどだ。自前の〝ちゃんとした〟バストを持つ日本人は案外、そのものを隠したがる傾向があるのに対し、韓国人の場合、わずかながら必死に寄せ集めてきたものをこれ見よがしに強調しているのである。その強調の仕方は、日本人に比べると、何ともはしたない見世物となってしまっている。少しでもバストらしきものがあることを強調しようとするあまり、ただ肌を露出し過ぎてしまうだけなのである。

〝日本人的バスト〟を持ちたいと願う韓国女性が、今後一層増えていくだろうと予想される。バストもヒップもない平たい〝スリムな〟体型がいいとさんざん言ってきた韓国人であったが、時代の流れ、感性の変化とともに、体型さえも日本女性の〝パクリ〟をしたがるようになっていくのである。

本物か、偽物か。それは、日本の女性、韓国女性、本人たちが一番よく知っていることだろう。

韓国男性は、女性を見る目もまだまだ幼いと言える。しかも、自分の国の女性たちとは違うということだけを密かに思っていればいいものを、自分の観察眼のみで、日本の女性の外見を〝悪く〟判断する。日本の女性はデブでブスである、と……。

危ない!
日本ではグラマーと認識される女性でも、韓国ではただのデブに見られてしまう可能性が高いので、日本と同じような感覚でいてはならない。

理由35

日本女性VS韓国女性

女性の美というものは、極めて個人的好みが大きく反映されるものである。

それこそ各個人の好き嫌い、良い悪いで判断されるものであり、「これが美！」と言い切れる美というものはそれぞれ違ったりする。

しかし、客観的、そして一般的な目で見ての造形と、見た目の差というものを比較することは可能であると思う。これは、どこの国の人がより美しいといったことではなく、ただ際立ってわかる特徴というものを冷静に判断したうえでの指摘に過ぎないのである。

●●●

日本女性の目――。日本人には二重《ふた》瞼《えまぶた》が多いが、それは美容整形ではなく純粋な二重がほとんどである。一重であったとしても、それを罪悪視するようなことはなく、むしろチャームポイントに変えることができる心持ちである。

だからこそ、一重の日本人であっても、その目からは鋭さは感じられず、むしろチャーミングな猫の目のような印象を受けるのだろう。そして、韓国人よりも垂れ目で、丸く大きい目の人がけっこういる。

つり目の日本人は、垂れ目の日本人よりも圧倒的に少ないのではないだろうか。日本人は、小粒で鋭く吊り上がった目というよりも、大粒で柔らかい感じがする垂れ目か、目元と目尻が平行の目を備え持っているのである。

頬骨も突き出たりしているのではなく、とてもなめらかな感じである。えらも四角張ったものではなく、すんなりすっきりとしていて、顎も細めである。

えらが張っていなかったり、顎が細いためなのか、八重歯の日本女性はそこそこいるのではないだろうか。ちなみに、韓国ではどういった理由でかはわからないが、八重歯の人がかなり少ない。えらが張っていて顎が広く丈夫なのか、それとも食文化の違いなのだろうか、私にはそのどちらなのか、あるいはそのどちらでもないのかはわからない。

頬骨がすんなりしていて、えらもなく、シャープで顎も細いので、日本人は一般的に卵型の顔をした人が多いというのも特徴ではないだろうか。そして、そういった造りを備えつつ、土台も決して大きくないことだろう。いわゆる〝小顔〟の部類に入る日本人が非常に多いように思える。

これだけの違いが簡単に思い浮かぶ。他には……。

日本人は、二重瞼の手術をすることなく純粋な二重の人たちがいて、わざわざ細身の尖った鼻に整形する必要もなく、エラを削ってすんなりした顎に整形するような人もごくごく少ないのではないだろうか。

二重や鼻ならまだしも、フェイスラインにまで手を加える人となると、これはかなり少ないと思われる。

最近では、プチ整形なるものが流行《はや》っているようだが、日本でなぜ流行るのか不思議なくらいである。

韓国人の専売特許でもあったかのような整形手術は、日本人には縁の遠いものだと思っていたからである。もっとも、整形に頼り切っている韓国人に比べると、日本人の〝プチ〟はその名の通り実にプチである。

韓国では、一重の目を罪悪視する傾向が非常に強い。まずはそこに手を加える。もう広く知られたことだろうが、韓国では二重の整形手術はごく一般的である。人に隠すようなことでもなく、また安く手軽に、特に不安を感じずに手術に踏みきる女性が大多数を占めているのである。

他のパーツについても同じようなものである。整形をすることに対して、恥ずかしいという感情も一切なく、それはまるで美容院で髪を切るような感覚なのである。

整形することがまだ一般的ではない日本では、それは日本人が整形してまでも顔形を変えなくてもいいということなのだろう。そして、日本人は整形はもちろんのこと、驚くほど化粧にも頼っていないということもわかる。

日本人は、韓国人と比べると、本当に薄化粧である。それは、欠点と思われるべきところが少ないという自信の表れなのだろうか。

しかし、まったく化粧をしていないということではなく、していることはしているようだ。もっとも、そのメイクは実にナチュラルなものである。日本人のメイク技術の勝利とも言えるものであると思う。メイクが上手であるから、「バッチリ化粧をしました！」といった顔ではなく、自然体の顔に仕上がるのだろう。

そもそも日本人のメイクは、作り上げるというよりも、微妙な欠点をカバーする程度のものか、チャームポイントをほんの少し強調する程度のようであると思える。

韓国人のように、顔がまるでキャンバスかのごとく、恐ろしいほどの化粧を施すのではなく、いたって自然に近い状態の化粧なのである。

日本人が韓国に行くと、韓国女性の化粧の濃さにさぞ驚くことだろうと予想される。体は貧弱だったりするのに対し、顔は化粧で何ミリもの厚さとなっている人を多く見掛けることとなるからである。

体と化粧をした顔とでは、そのギャップに思わず見とれてしまうほどかもしれない。わざわざ韓国に行かなくても、日本国内にいる韓国人もほぼ同じなので、〝体と顔のギャップ〟について研究したい人は、日本国内で韓国人を探すのがいいだろう。

韓国人は、自分たちの顔はまっさらの自然なものだと言い切れるのか。顔をキャンバスと思っていないとでも言うのだろうか。それでも、そういった事実が普通である韓国では別に悪いことではない。ただ、日本人と韓国人とを、どちらがより美しいかで比較するのなら、それはやめておくべきなのである。

日本人は、素顔か、限りなく素顔に近い状態で外出できる人が多いことだろう。しかし韓国人はいかがなものか。

精いっぱい化粧をした顔で外に出るか、それでも限界を感じている人は、思わず何も考えずにサングラスや帽子を手に取ってからでないと外には出づらいはずである。もちろん、何も感じずに生顔《なまがお》のままで外出する人もいれば、お洒落としてサングラスや帽子を着用する人もいるわけで、全員が全員そうであると言い切ってしまうのはきついことだろう。だが、だいたいを見て言うならば、この点でも日本人と韓国人とでは大きな差があるということを感じ取らないわけにはいかない。

つまり、日本人は、整形や化粧の力に頼らなくてもいいということである。

欧米人も化粧に頼らない人が多い。それらの意味するところは、美への追求を諦めたのではなく、素顔やそれに近い状態でも十分に美を表現することができるということなのである。

日本人は、生まれ持った素材を存分に生かし、美を追う姿勢がより強いのであろう。だが韓国では、整形や化粧で美を追求し、表現する。

世界各国、各個人の美の追求の仕方はそれぞれである。先進国の人ほど整形や化粧にすがりついていない。まるで経済力と美が比例しているようである。そして、美に対する感覚も先進国とそうでない国とでは違う。自然体の美を求めるのか、それとも作り上げた美を求めるのか。日本人と韓国人の差も、まさにそれが当てはまる。

しかし、いくら各国の美的感覚の違いとは言っても、体は未発達で、ただ顔だけを整形や化粧で人工的に作り上げるというのは、どんなに滑稽なことだろうか。

逆に、体はしっかり出来上がっていて、それでいながら整形や化粧で顔を作り上げるようなことをしないというのがどれほど素晴らしいだろうか。そのどちらがより美そのものの方向を向いているのかと考えれば、答えは簡単に導くことができるはずだろう。

冷静に、そして客観的に見てみると、日本人と韓国人の顔の造りの違いと見た目の違いという、基礎、表面上の差がはっきりと見えてくると思う。

ここまで書いても、まだ日本人よりも韓国人の方が絶対に美しいと言い張るのが韓国男性（女性もである）だが、それはそれでよしとしよう。韓国人独特の珍しい美の基準を持っているのだと思うしかないからである。

韓国人の美を持ち上げ、日本人を下げて判断するというのは、限りなく狭い範囲での結論である。

広い範囲で、客観的に冷静に、そして一般的に全体を見比べてみると、女性の真の美というものに気づくことができると思う。しかし、韓国男性にそれを望むのは、時期尚早なのかもしれない。

危ない！

韓国男性の好みの女性になりたければ、整形をするか、もしくは恐いほど派手な化粧をしなければならない。

理由36

日本母親論

たった一人の意見を聞いて、その国の人間百人の意見として聞き入れるわけにはいかない。

それはよくわかっているつもりである。しかし、その「一人の意見」が、世間では〝一般的な意見〟として認知されているとしたらどうだろうか。

●●●

以前日本で、韓国人や欧米人、数カ国の人たちが集まるちょっとした会に参加したことがあった。日本に在住するコラムニストやフリーライター、寄稿家、特派員だとかいった肩書きを持つ人々の集まりである。

その会で、私は韓国でそこそこ発言力のある男性コラムニストに出会うことができた。

「そこそこ」と言ってしまっては失礼かもしれない。彼の発言は「かなり」、人々に影響を与えうる、と言えるからである。

その韓国人男性コラムニストの話に韓国の人たちは妙に納得し、彼の意見を支持しているわけだが、正直言って、「この男の意見がまかり通るのはおかしい」と思えるような意見しか持っていないように私は感じていた。私は前々から、彼の発表するコラム、そのどれを読んでも「?」だらけであったのだ。

彼の話を生で聞けたのは嬉しかった。しかし、その意見にはやはりどうしても納得がいかなかった。

彼は、「日本の母親」に焦点を当てた話をした。周りの意見を受け付けることなく、半ば独断的に自分の意見を皆に聞かせた。

彼は、「日本の母親たちは哀れで仕方がない」のだそうだ。

韓国人コラムニストである彼は、「日本の母親はまったく不可解な行動をとる」としたうえでこのように述べた。

その1

身内が死んでも、泣くのを必死に堪えている。お葬式の時でさえもそうである。愛する家族が死んだというのに、泣いてもすすり泣き程度で、ハンカチで軽く目元を押さえるくらい。生身の人間らしくないくらい冷静なのは、昔から日本の女性は、諦めて、我慢して、服従することが体に染みついているからである。

その2
常に弱い立場で支配されている存在である日本の女性は、大きく見ると国家の奴隷であり、小さく見れば家庭においての夫や息子の奴隷なのだ。自己主張の一言も発することなく、一生涯ただ男たちに束縛されるばかりのかわいそうな人たち。

その3
そういった束縛と我慢の日々に耐えられなかった人は、高齢になって離婚を申し出る。そして、何の感情も持たずに冷たく離婚届を出すのだ。

その4
夫から家政婦としてしか見てもらえない日本の女性たちは、愛されない寂しさや憎しみを息子に向ける。だから日本の家庭では狂った考えを持つ母親たちが、息子と近親相姦するのが一般的である。

その5
夫と息子の奴隷であることに我慢できなくなった日本の女性は、離婚し、やがて水商売の道に入る。他人の男性に酒を注ぐことなど何とも思わない、下品で腐った根性を持つ日本の女性たち。

喉が渇き過ぎたのではないかと、思わずグラスを差し出してあげたくなってしまうほど彼は興奮し、そして長い間、一気に一人でしゃべり続けた。

彼は、自分が話した日本女性たちに「非常に情けなさを感じる」と言い、そして「自分の人生のない、世界で一番かわいそうな人たちがまさに日本の女性たちである」と締めくくった。

多少は前後したり、抜けてしまった話もあるが、おおよそそういった内容だった。彼はそれを出来上がった原稿を読むかのごとく、独り舞台で話し続けた。

彼の話は、別に聞かなくても全然構わないものだったはずなのに、なぜか妙に事細かく私の頭の中にインプットされた。〝聞かなくても構わないもの〟だったからこそ、余計に頭に残ったのかもしれない。そして、そういった意見が韓国でまかり通ることが改めて疑問に思えてしようがなかった。

同席した他の韓国人たちは、恐ろしいことに、彼の話に深々と肯いたり、「そうそう」

などと、彼の言葉にさかんに相槌を打っていた。私には、その場に居合わせた韓国人たちが揃って見せたその態度、それもまた彼が話した内容と同じくらい不可思議でならなかった。

彼のような意見を持って、それを平然と世に送り出す。そしてそれを見聞きして納得する人々がいる……。世に送る方も方だが、それを素直に受け止める方もまた、相当問題があるように思えた。

韓国人とはそういう感性を持つ人々であるのだ。

危ない！

日本人からすると驚きを通り越してほとほと呆れてしまうような意見でも、韓国では発言力のある立派な人間でさえもが平然と言ってしまうこともあると知っておかねばならない。

●●●

私にはコラムニストの彼のような発言力はない。彼と激しい討論をすることもない。しかし、最後に、私が感じた「日本の女性」、特に「日本の母親たち」にスポットライトを当てて、私の見解を述べてみたいと思う。

日本――。

この国の力は、世界のどの国の人たちも目を伏せるわけにはいかない。日本の力に目を伏せる人があれば、それは羨ましさから湧き上がってくる劣等感からでしかない。

日本の持つ力を、決して過小評価することなく認めることこそ重要なのである。

私は、日本の経済力だけでなく、その他多くのあらゆる面での日本の力を、深い納得のうえで認め、感じている。その力は、韓国とは明らかに大きく違い、そして欧米の先進国ともまた色の違うものであると常日頃から思っている。

日本という国を作り上げ、そして成り立たせている人たちが、日本の男性、日本の女性であるのだが、その土台と言ったら、それはやはり日本女性である母親に辿り着く。その多くの元は母親なのである。陰に隠れているようでありながら、それでいて柱でもあるのである。

もちろん、日本という国を形成したのが母親だけだとは決して考えてはいない。父親、すなわち日本男性が中心でもある。だが、その日本人を生み育て、支えたのもやはり日本女性である母親なのである。

日本を形成しているのが父親である日本男性ならば、その日本人を陰でサポートしているのもまた母親なのである。日本の男性、日本の女性、父親である日本男性、すべての糸をたぐり寄せた先には母親の存在あり、なのである。

今でこそ男性の育児参加は当たり前のようになってきたが、しかし、時代がどんなに流れようとしても、基本的に子をしつけるのは母親である。日本人である母親が、日本独特のすばらしい礼儀の数々をしつけたからこそ、今の日本の男性、日本の女性が出来上がったのだと思う。

子供に対しての教育、しつけ。

この中には、仕草ひとつにおいても、社交性、常識、モラル、いろいろなものが含まれているのだが、日本のそれは他の国々とは違ったものであり、また素晴らしいものであると思う。そして、それらを教える母親こそ、最も立派であると思う。

私は、韓国人にはない日本人独特の礼儀や美徳というものに感心するのだが、その多くは母親から教え込まれたり、受け継がれたものではないだろうか。

いつ何どきでも子を教え導き、陰で支える。主人である日本の男性をバックアップし、力を維持させる。これこそまさに、日本の女性である母親を表現している要素だろう。だからこそ、日本人である母親あってこそ、今の日本という国が成り立っているのだとさえ思う。

そういった存在である日本の母親には、やはり日本の女性ならではの独特なものを感じる。

その育児、教育、考え方、価値観、感情の表現など、外国の母親との違いを感じずにはいられない。

決してでしゃばるようなことはせず、一見地味なようでもあるが、それでいながらしっかりとした理念を持っている。外国の母親のように、喜怒哀楽を激しすぎるほど表現するようなこともなく、常に自分を抑えコントロールしている。それがまた、支える者の本当の姿のような気がしてくる。

日本の男性、日本の女性の源となっている家庭を築き上げている人こそ母親なのである。そして母親は、精神面においてもサポートし続け、常に中心人物であると思われる。

そういった日本女性である母親の力を恐いほど感じる時がある。それは、着物姿の日本人を見た時である。私は、着物姿の母親に、そのすべての力が凝縮されているのではないかとさえ感じてしまう。

世界各国、民族衣装はどこの国にでもあるものだが、着物ほど内面に秘める力を表現しているものはないと思う。

まず、言うまでもなく値段的にも非常に高いものである。帯一本で、数カ国の民族衣装が買えてしまうこともあるだろう。それに加えて作りも複雑で、着物を着るにあたって使用する襦袢《じゅばん》や帯などの種類も多い。また、必要な小物類も多い。現代人には、しっかり習わない限り自分一人で容易に気軽に着られるものでもなく、もちろん脱ぐのにも一苦労することだろう。当然片付けも手間がかかる。

着物は、繊細で扱いが難しいものである。世界各国の民族衣装の中でも、最も複雑で、最も奥深い伝統を感じさせてくれるものである。

着物を着たら、適当に座ったり、だらしなくできない。走ったり大股で歩くことも無理である。これは、そういったことが簡単にできる、いろいろな意味での軽い民族衣装とは大きく異なる。

着物、そしてそれを着る日本の女性。その姿からは、相当の品位を感じる。若い日本人の着物姿からは、苦労を知らない豊かな平和と高級感を感じる。それに対して母親の着物姿からは、伝統、礼儀、教養など、そのすべてとも言えるものを感じ取ることができる。完成された女性の姿を見ると同時に、強国である日本の芯がそこにあるように思えてならない。

着物を着る。そして着こなすことは、やはり日本人にしかできない。日本人だからこそ合うものであり、また合わせられるのも日本人しかいないことだろう。

着物を着るということは、仕草、考え方、その言動のすべてが日本人の礼儀や美徳を自然と表現しなくてはならないことであると思う。

外国人が、着物に魅せられて着物を着たとしても、やはり日本人のような言動や表情、そして仕草ひとつでも真似するのは難しいだろう。実際、着物を着る外国人を見ても、やはり日本人とは明らかに違うということが一目瞭然である。外面だけを繕っても、やはり内面までは変えようがないからである。これは、日本人が他国の民族衣装を着るのとはまた異なる。

着物を着こなすには、品格の高さが求められる。着物は、日本人の持つ深い意味をも象徴しているものであると私は思っている。それが、日本人の礼儀や美徳である。

着物を着た母親のきりりと引き締まった顔。その優雅で可憐な動き。礼儀を含んだ言葉の数々。日本人ならではの礼儀作法。これこそ、日本の力の表れであると思う。

私は、日本の母親たちのそんな姿に、日本の素晴らしい礼儀や美徳を垣間見る。日本の力の根源を探し当てる。

動きも言葉も、その多くが上品で洗練されている日本の母親たち。そして何と言ってもその笑顔である。日本の母親は、いつでも誰に会った時でも笑顔を欠かさない。それが普通のことだと思わないでほしい。自然と笑顔になるのは、どこの国でもそうではないということなのである。

どんな時でも自然と笑顔を見せられるのは、自信があるからこそであろう。豊かで希望に満ち溢れた余裕こそが生み出せる笑顔なのだ。

たび重なる強国との戦争、思いもよらない天災、そしてその被害、復興……。波乱の山を越え谷を越え、数々の涙を飲み込み、日本という国が世界の頂上に聳《そび》え立つよう、陰で導き、常に支援してきた人たちの貫禄の笑顔なのだ。それは日本の母親だからこその笑顔であるのだ。

女性としての、また人としての一級の礼儀が身に付いているからこそ、日本の母親はしっかりと日本を支えているのであろう。

母親あってこその日本の男性、日本の女性、そして日本なのである。

おわりに

◀——本当の韓国人を知るために

全裸、とまではいかなくとも、せいぜい「上半身裸」になったくらいの気持ちがする。しかも見ず知らずの人の前で、である。

私自身が韓国人であるにもかかわらず、人様の前で上半身裸になったような気分を味わってまで韓国人の〝本当の姿〟を公表した。逆に言うと、私自身が韓国人だからこそ、本当の姿をじっくり見つめ直し、述べることができたのかもしれない。もっとも、ここでいう「本当の姿」とは、あくまでも私、金智羽が思ったり感じたりした本当の姿でしかないのだが……。

きっかけは何であれ、一度でもしっかり考えてみようと決意した以上、中途半端なことは伝えたくなかったし、伝えてはならないと思った。そして、頭からのそのような指令により、私は自分を含めた「韓国男性」について考え、その考えを書き記すために指を動かした。

自分自身のことを考え、家族のことを思い、友人知人のことを思い出し、他人のことを観察し……いろいろな角度からいろいろな人物（韓国人）を秤《はかり》にかけた。

もう十分過ぎるほどわかっていて当然の「韓国男性」を、改めて勝手に〝解剖〟したのである。

韓国男性を私流に解剖しただけでなく、日本の女性と韓国男性が一緒に生きていくことになったらどうなるか、といったことも考え抜いた。そもそも、後者のためにあれこれ考え始めたのである。二者を絡めて考えたのは、なかなかおもしろい選択であったと思う。

「きっかけは何であれ」ではなく、「いいきっかけが舞い込んできた」と思うべきなのかもしれない。

私は、巷《ちまた》に流れている綺麗事ばかりを並べたてた「韓国男性論」には、そろそろお腹がいっぱいになりかけていた。もちろん、そのすべての綺麗事を「嘘」の一言で片付けてしまう気はない。「見解」とは、人それぞれに違いがあって当然であるのだ。良くも捉えられるし、悪くも捉えられる。あるいはそのどちらにも当てはまらない、それもまたありなのである。

しかし、それらあいまいな見解とは逆に、「本当のこと」と思えるような情報も必要なのではないかと考えた。

適当に、綺麗事、無難なこと、甘いことを言って韓国人をもてはやしてくれるのは非常にありがたいことである。だが、本当に「本当のこと」を知りたい人には、誰かがその真実を伝えなくてはならないような気がした。そこで、私が立候補したわけである。

あくまでも金智羽の見解となってしまったが、それでも私はかなり「本当のこと」に近い内容を伝えられたのではないかと、韓国男性らしく自画自賛してみる。

韓国人にとっては、辛い言葉の数々に思えてしまうかもしれないが、それでも私はあえて白状した。

日本人が綺麗事だけに覆われた韓国人のみを知るのも問題だと思ったし、韓国人も今こそ冷静に自分たちがどういったことをしているのかわかるべきだと思った。両者にとって、知るべきことを知るべき時が来たのである。

何らかの形で、私が伝えた「本当のこと」が役立つ時があるかもしれない。そのように考えると、私が上半身裸になったのもまんざら無駄ではなかったように思える。さすがに全裸になる勇気まではなかったが……。

〝本当の韓国人を知る〟

私は本当のことを伝えたかった。

誰が何の目的のためにそのようにしているのかわからないが、韓国男性を持ち上げ続けるその流れに一石を投じたかった。

誰かが「こんなはずでは……」と嘆き悲しむ前に、伝えるべきことを伝えたかったのだ。

最終的に判断するのは、これまた人それぞれである。私が何か言ったところで、「はいそうですか」となることではない。だからこそ言ったのかもしれない。

それでも、胸に痞《つか》えていた何かが取れたような気がして、少しすっきりとした気分を感じている。

私自身も、改めて自分を見つめ直すことができた。韓国の男とは……そうだったのか。確かにそうかもしれない。次は全裸になってしまおうか……。

◉著者について

金 智羽（キム ジウ）

1967年、韓国・釜山生まれ。韓国・東国大学卒業後、オーストラリア・シドニーに2年間、その後東京に2年間留学。いったん帰国後、1996年から約7年間、東京で生活する。韓日のビジネス翻訳者として両国を行き来し、2005年より東京在住。2004年には日本語で執筆した『僕が親日になった理由』（夏目書房刊）を発表し、その刺激的な内容が日韓両国で反響を呼んだ。

eメールアドレス：kim_jiu@yahoo.co.jp

韓国男性《かんこくだんせい》に恋《こい》してはいけない36の理由《りゆう》

◉著者
金《キム》 智羽《ジウ》

◉発行日
初版第2刷　2009年3月20日

◉発行者
田中亮介

◉発行所
株式会社 成甲書房

郵便番号101-0051
東京都千代田区神田神保町1-42
振替00160-9-85784
電話 03(3295)1687
E-MAIL mail@seikoshobo.co.jp
URL http://www.seikoshobo.co.jp

◉印刷・製本
中央精版印刷株式会社

初版第1刷発行 2005年3月

Printed in Japan, 2005
ISBN4-88086-179-0